亲历宝宝
〇岁智力开发
Zero-year-old

李伟文 著

东华大学出版社·上海

智力開發　潛力無窮

甲午年初春　魯民于洵上

魯丘題之

图书在版编目 (CIP) 数据

亲历宝宝 0 岁智力开发 / 李伟文著 . —上海：东华大学出版社，
2016.4

ISBN 978-7-5669-0979-4

I. ①亲… II. ①李… III. ①智力开发—学前教育—教学参考资料
IV. ①G613

中国版本图书馆 CIP 数据核字（2016）第 006269 号

亲历宝宝 0 岁智力开发 Let's witness Zero-year-old intelligence development	李伟文 著	策　　划　法兰西论坛 责任编辑　沈　衡 版式设计　顾春春 封面设计　903design

东华大学出版社

上海市延安西路 1882 号，200051

网址：http://www.dhupress.net

淘宝店：http://dhupress.taobao.com

天猫旗舰店：http://dhdx.tmall.com

营销中心：021-62193056　62373056　62379558

投稿信箱：83808989@qq.com

苏州望电印刷有限公司印刷

开本 850 mm × 1168 mm　1/32　印张 3.75　字数 104,000　印数 2000 册
2016 年 4 月第 1 版　2016 年 4 月第 1 次印刷

ISBN 978-7-5669-0979-4/G・217

定价：32.00 元

前言
Preface

　　人类对于自身胎、婴、幼儿智力发展规律的认识，目前已经深入到理论层面，并有了突破性进展，因此催生了"0岁计划"、"0岁教育"、"0点工程"和"0岁方案"等早期教育在世界各地的践行。培育出了众多健美、聪慧、性格开朗、品质优秀的创造性儿童。

　　"0岁教育"给孩子们带来了一生的幸福，给父母带来了无限的欣慰，给人类文明宝库增添了巨大的财富。

　　我有幸领略到这方面的知识，是在做"准外婆"的时候。对于我而言，感觉太晚太晚了，要是在我生孩子之前学到这些知识该有多好！但对于小外孙女来讲，还算及时、幸运，因为外婆总算跟进了人类文明进步的行列，配合了她爸妈，成了宝宝"0岁开发"的有力助手。

　　女儿怀孕后，迫切地买了很多关于胎教、婴幼儿早教的资料，进行自我教育和素质提升。我也跟着学习受益，收获了新的认识和育儿思路。

　　我第一次读到了丽红翻译的收藏在美国哈佛大学图书馆的《卡尔·威特的教育》。这是神童卡尔·威特的父亲写于100多年前的一本非凡的关于早教的书。它传达的理念是每一个普通的孩子，在适当的教育下，都能成为优秀的人才。作者卡尔·威特详尽地介绍了他对儿子早教的故事和经验。他是早教的先驱者，克服了比现在大不知多少倍的偏见和阻力，对儿子进行科学的极为细心的"早期开发"，使儿子智力发展超常，三岁掌握了3万多的词汇，8岁熟练运用六种语言，9岁上大学，14岁获得博士学位，16岁当上柏林大学教授。老威特认为在道德发展的过程中，早期的外界环境是至关重要的。为此老威特制订了很多规矩。他要求所有接触小卡尔的人必须遵守。事实上，整个家庭生活都遵循着这样一个原则，向孩子灌输一些足已影响他个人道德见解和道德行为的思想，并帮助他牢牢记住这些观点。老威特试图在自己儿子身上建立起那些世人极其渴望拥有的道德特征。儿子崇高的一生足以证明他的成功。

译者丽红在"中文版序"中写道：书中说得很清楚，这本书是为那些期望自己的孩子在身体、智力和心灵各方面都能获得健康发展的父母而写的。

对我教育启发很深，使我收获更全面的是中国早教之父冯德全教授的《三岁缔造一生》。

冯老早年从事儿童心理和教育研究，对儿童智力差异的深究，使他开始调查研究古今中外的神童。从而揭开了"神童"早慧的迷底——婴儿早期智力开发。他倾注了几十年的心血从事早教事业的研究和实践，数以百万计的青年父母是他的研究生队伍，《三岁缔造一生》是他的研究实践成果，是早教行列中后来者的"天书"，为后来者通俗易懂地展示了一套科学易行的"０岁方案"。

冯老在书中，阐述了"早期教育是提高人才素质的摇篮"它包含四个方面的内容：

一、早期教育是促进脑功能发达的教育。

二、早期教育是开发人类巨大潜能的教育。

三、早期教育是对智能影响最深的教育。

四、早期教育是性格基础养成期的教育。

冯老在书中论述了：婴幼儿时期是智能发展的最佳时期，错过这一时期就事倍功半，甚至劳而无功。婴儿应该从出生的第一天起就开始教育。

冯老指出，婴儿有两个生命：生理生命和心理生命，两个生命一样重要，要同时培养。

冯老在书中提出了视觉语言与听觉语言同步发展的理论和方法。即识字、阅读和听话、说话同步发展，三四岁可脱盲，进入广泛阅读。

冯老在书中介绍了详尽的婴儿早教方法，特别指出：孩子广泛的学习兴趣和学习积极性比知识本身更重要。生活，游戏是婴儿最好的课堂。坚持教者有心，学者无意，玩中学，学中玩。

通过学习，我对人类婴幼儿时期有了一个全新的认识。我庆幸自已在宝宝出生前读到了这些极其有价值的书。认识上的飞跃，使我主动配合其父母成功地参与了宝宝身心潜能在最佳时期的开发，促进了宝宝的充分发展和全面发展。

冯老在《三岁缔造一生》的前言中写道："这些年来，早教方案指导父母、祖父母们培养出了众多的健美、早慧儿，他们都具备了以下五个方面的素质：一是灵敏的大脑；二是健美的身躯；三是广泛的智力兴趣；四是良好的性格品质；五是喜爱美好事物。

对照我家外孙女，还真是这么回事。她健美、聪慧、灵敏、积极、主动、有创意，无论干什么都会有让人点赞的地方。而我也成了外孙女梦中"登上珠穆朗玛峰的老太太"（她做的梦）。

现在，外孙女上小学了，不怎么理会小时候的故事了，我可以把亲历宝宝0岁智力开发的故事整理出来与大家分享了。同时也做为赠给外孙女的一份礼物。

我首先把催生了我新理念的早教专家们的独到论述摘录展示。这不仅是为了与朋友们分享我获得早教理念的过程，而且也为了向朋友们提供一个既是国际性、又是中国式的婴幼儿早期智力开发较全面的理论微缩。它涵盖了婴幼儿早期智力开发的理论依据、实践效果和基本原则。忙碌的父母、准父母和祖父母、准祖父母们将因此较为省力地了解并初步获得婴幼儿早期智力开发的新理念，使自身认识得到提升，并不失时机地对自家宝宝进行早期智力开发。

我着重依据我们的亲历介绍了我家宝宝在0岁智力开发中的特点和方法。特别介绍了半岁开展识字活动、视觉语言与听觉语言同步发展的特点和方法。

借此机会，向译者丽红、中国的早教之父冯德全教授致以崇高的敬意，感谢你们用心血凝聚的"早教天书"引领我在花甲之年踏入早教乐园，收获了成功的喜悦。

在我写此书的过程中，得到了不少朋友的鼓励与支持，特别得到了上海秦汉胡同的著名书法教育家、中国书法家协会会员朱国振老师的指导和支持，同时，我们得到了他专为此书题写的副题。在此表示衷心的感谢。

借此机会，向所有关爱、教导过小外孙女的师长、亲友们表示感谢。

特别感谢上海爱乐少儿合唱团的叶韵敏等老师们，用爱心给了我外孙女慈而严的音乐启蒙教育，把她引进了美妙的音乐世界。

特别感谢福山正达外国语小学创造的良好学习成长环境，感谢2013级1班各位老师的谆谆教诲，引领孩子踏上了广阔的学习成长道路。

特别感谢素珍姑外婆，在外孙女还是孕宝宝的时候，就送来了两张大幅婴儿画，特别是那张"爬行宝贝"，成了宝宝最早的朋友和爬行导师。

特别感谢胡薇表舅妈，她是养育了一个优秀女孩的年轻母亲，在宝宝一周岁正值识字处于快速发展阶段，她雪中送炭，赠予一大套很智慧的智力宝宝识字卡片。极大地方便了宝宝识字和游戏，有效加速了宝宝视觉语言开发。

由于水平有限，表达上不能得心应手，更重要的是认识上存在差距，所以难免有些问题存在。恳请关心和从事早教的专家和朋友给予指导。

另外，认识上的不同，我也颇有感受。宝宝爸爸对0岁开发视觉语言就持有不同看法，认为长大了认几个字是很容易的，认早了未必有好处，他小时候上学就看到学前学过的人，上学后注意力不集中。这可能代表了不少人的看法。甚至可以说社会总体环境还没认识和认可"0岁工程"。规定小学一年级"零起点"教育就是一例。我认为"0岁开发"不同于任何学前教育，它是开发人类巨大潜能的教育，它能够把普通的孩子培育成智力超群的优秀人才。这是人类社会文明的共同财富。应该受到全社会关注。我因此特意写了第九章：《对小学教育制度与"0岁工程"接轨的思考》。希望引起有关方面关注。希望"0岁工程"得到社会大环境的呵护。

愿千家万户通过婴幼儿早期智力开发，培育出健美、早慧、性格优良的优秀宝宝。

2015年8月9日 于上海

目录
Contents

第一章

先"早教"自已

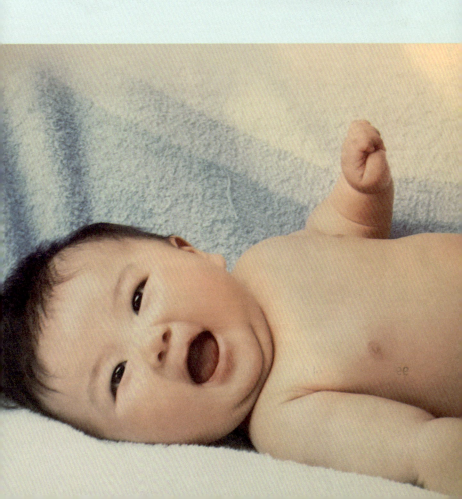

时任中共中央顾问委员会委员于光远说：

"我认为要把儿童早期智力开发工作做好，第一个步骤就是教育家长……认真学习有关这方面的知识。"

早教方案设计师冯德全教授指出：

"每一个真正想育儿成才的父母，都要从迷恋早期教育开始，这样具体的教育问题也就容易解决了，因为早期教育首先是一个认识问题。这是最重要、最根本的问题。"

冯教授并说：

"你可以有童年的遗憾，但你不能给孩子遗憾的童年；你可以不是天才，但你能够成为天才的父母。"

1. 人脑发展规律是早教理论的基础

关于人脑，冯教授这样写道："人类之所以是这个地球上无可匹敌的主宰，惟一依靠的就是人有世界上最高级的物质——人脑。它能思维、想象、认识世界和改造世界。

正因为人脑是人赖以生存的最重要的器官，所以在人类历史的长河中，通过不断进化，大脑发育得最快，最早。刚孕育两个月大的胎儿，头部就是身高的一半。新生儿的头也是最大的，头围和胸围一样宽。长到9个月时，脑重比出生时即增长一倍。三岁时增重两倍，到了5—6岁，脑的发育就基本成熟，接近成人的水平了。而人体的其它器官要达到这个水平，则需要15年的生长期。

……人脑是特殊物质，它既是血肉之驱，又是精神活动器官。它的生长需要两种营养：一是食物营养，最好有全面合理的营养素；二是精神营养，即在6岁前的生长期接受外界的精神刺激，促其动脑。

现代科学家探索发现，人的精神生活不仅促进脑的发育，还能改变脑的结构成份。瑞典的希丁教授和兰盖教授用显微镜观察，早期学习能使脑细胞变复杂，并增加了细胞内记忆分子的核糖核酸。……他们指出，如果在幼儿时期进行强化训练，以此来刺激脑细胞活动的话，记忆分子的核糖核酸就会增加，就能培养出脑细胞质量高，头脑聪明的人来。

精神可以变物质，在这里又从一个方面得到了证明。

总之，要让人脑健康发育，在它迅速生长期的教育训练是决不可少的。

每个婴儿都潜藏着人类历代遗传至今的智慧，所以，无怪乎科学家们说：人的潜力大得惊人，可惜绝大部分脑神经元早期即被闲置，而后再也发挥不出功能来了，这实在是整个人类的遗憾。

……婴幼儿时期是智能发展的最佳时期，错过这一时期那就事倍功半，甚至劳而无功。

……美国著名心理学家布鲁姆经过大量研究之后说："如果一个人长到17岁智力发展达到100%的话，那么4岁时它将发展50%，8岁时达到80%，8岁到17岁的9年里发展20%"。日本七田真的智力发展说则认为递减更快。他认为人的智力发展犹如一个等腰三角形，在0岁时发展最快，也就是三角形的底，8岁时到了三角形的顶端，智力再也不能发展了。那以后，人就只能增长知识和技能了。

如果错过最佳期，即使是画眉、百灵鸟，也不会有动听的歌喉了。

2. 早教专家们关于早教的论述

冯教授在书上写道："所谓早期教育，它的本质特点是，在0—6岁人脑迅速发育期，给孩子丰富有趣的生活，恰当的信息刺激和训练，以提高他的基本素质。"

"……理论和实践证明了早期教育的潜在效应、积极效应、整体效应和远期效应都是大的无法估量的。哈佛大学研究生院怀特博士认为，如果一个三岁的幼儿，在与学术有关的各方面，如语言和解决问题的技能上，迟开窍6

仔 细 观 察

个月或更多一点时间，那么他就不可能在以后的学习经历中获得成功。美国费城人类潜能开发研究所所长多曼则说：'每个正常婴儿在出生时都具有像莎士比亚、莫扎特、爱迪生、爱因斯坦等人那样的天才潜能。'只要早期教育使孩子对某一领域，某一内容产生兴趣，他们以后再接触这一领域的内容时，就可能如鱼得水，很快形成爱好和特点，最终造就出专门人才来。"

3. 教育要早到什么时候呢

教育要早到什么时候呢？冯教授在书中写到："以前有一位英国妇女望女成凤，抱着自己的孩子去请教达尔文：'达尔文先生，您是世界上著名的大科学家，我想请问您，我的孩子，什么时候开始教育好呢？'达尔文问：'您的孩子多大了？'那位妇女说：'她还小着呢，才两岁半。'达尔文听后叹口气说：'唉，夫人，您教育孩子已经晚了两年半了！'著名生物学家和心理学家巴甫洛夫也有一句名言："'婴儿降生的第三天开始教育就迟了两天。'"

人的性格的基本部分是在早期生活中行成的，按照克鲁斯卡娅的话说，人的早期经验在他的一生中将留下痕迹。井深大则说：早期获得的信息象血肉一样长在脑内，长期发挥作用。

正如马卡柯估计的："教育的基础主要在5岁前奠定的，它占整个教育过程的90%。"意大利著名儿童教育家蒙台梭利终生从事儿童教育研究，创造了蒙台梭利教育法，她说出了更让人吃惊的话："儿童出生头三年的发展，在其程度和重要性上，超过儿童整个一生中的任何阶段，……如果从生命的变化、生命的适应性和对外界的征服以及所取得的成就来看，人的功能在0—3岁这一阶段实际上比3岁以后直到死亡的各个阶段的总和还要长，从这一点上来讲，我们可以把这三年看作是人的一生。"

4. 冯德全教授关于视觉语言的论述

冯老在《3岁缔造一生》中写道："早教方案提倡早期识字阅读，破天荒地提出视觉语言（识字阅读）和听觉语言（听话，说话）同步发展的理论和方法。事实证明，孩子完全能像认人、识物、说话、走路、听音乐一样，自然而然、不知不觉、毫无压力和负担地初识汉字。如果教育得早，方法得当，甚至可以三四岁脱盲，进入广泛阅读，五六岁博览群书。"

"早期识字能发展孩子的注意力、记忆力、观察力，阅读能发展思维力、想像力，这是显而易见的。……更重要的是早期阅读对语言的发展，特别是视觉语言的发展，会产生极为有利有影响。"

"早期识字从婴幼儿'形成敏感'、'印象记忆'、'情景领悟'和'本能模仿'等认识特点出发，采用'环境濡染'识字法、'生活渗透'识字

参观砂雕

给沙雕拍照

法和'游戏活动'识字法教学，做到生活中教，游戏中学；教在有心，学在无意；玩中有学，学中有玩；耳濡目染，榜样诱导；激发兴趣，积极鼓励……让孩子在不知不觉中识字读书。1岁前开始识字的孩子，每天只要花10分钟，就完全能达到以上要求，到了4岁他便像学会说话一样，自己也不知道何时会识字读书的。"

专家们的精辟论述，使我对人类婴幼儿时期有了一个全新的认识，并收获了"0岁教育"的新理念，心里开始考虑：即将出生的外孙宝宝怎样实现0岁智力开发。尽管还不够清晰，但是方向明确了，信念坚定了。

备注

① 克鲁普斯卡娅（1869年—1939年），前苏联杰出的教育家。

② 井深大（1908年—1997年），日本著名的企业家、教育家。

③ 马卡连柯（1888年—1939年），前苏联杰出的著名教育家。

第二章

宝宝早期智力开发集锦

中国早教方案的设计师冯德全教授在《三岁缔造一生》中说:

　　"你们去看，其实新生儿一出生就有精神生活的需要，有最原始的"观察""交流""模仿"和"行为"。仅几个小时或几个月就能表现出"智力活跃"。孩子天生就有本能的模仿能力……孩子的模仿是无意识的，却时时刻刻发挥作用。"

美国人类潜能开发研究所所长多曼说:

　　"每个正常婴儿在出生时都具有像莎士比亚、莫扎特、爱迪生、爱因斯坦等人那样的天才潜能。"

1. 初生宝宝的启蒙从交流开始

女儿在怀孕中期就决定自然分娩，认为分娩过程对宝宝的智力开发有促进。无奈，羊水早破，待产了一天未果，为了宝宝的安全，晚上7点多钟，进行了剖腹接生。

我和宝宝爸爸等候在产房外，安静的环境，更增加了我的忐忑。突然产房的门开了，一位年轻的护士怀里抱着一个宝宝轻盈地走出来，清脆地喊了一声："某某的家属，生了一个小妹妹。"宝宝的爸爸赶紧应了一声，上前接过宝宝，惊讶地说："她笑了！"护士说："她一生出来就笑了。"说完又把孩子抱过去，进了产房，我没来得及仔细端详，只觉得宝宝很乖。

过了一会儿，护士怀抱穿着漂亮花衣服的宝宝，和我们一起往妈妈的休养房间走去。在电梯里，护士神彩飞扬地逗着宝宝："笑一个，笑一个！"看上去，她好象在引逗一个好几个月大的大宝宝，我疑惑地想："是不是太超前了？"忽然我有点醒悟：对初生宝宝的启蒙早教，就应该从交流开始啊。现在宝宝对什么都陌生，先对宝宝讲什么话都是一样的，何况宝宝对笑已经听过好多次了。我心里感激护士的启迪。

2. "认母敏感期"的神奇趣事

"教育的最佳期"是奥地利动物学家、诺贝尔奖获得者劳伦茨通过实验发现的。他把动物出生后最初的日子里能学会"认母"的现象称为"母亲印刻期"。错过这个时期就再也不能印刻，也不可弥补。冯教授认为人类婴儿也有认母最佳期，在半岁以内。我在外孙女身上感受了认母敏感期的神奇。

宝宝出生的第二天上午，为宝宝接生的姚医师来查房。"怎么样啊？"姚医生与妈妈交谈着答疑解惑。我边听边观察宝宝，只见宝宝停止了活动，安静地瞪着小眼睛听大人讲话，我分析，她一定听出了自己一出生就听到的那个声音，认出了自己一出生看到的第一个人了。姚医生可能也看到宝宝专注的表情了，高兴地跟宝宝打招呼"笑一个，笑一个"。她告诉我们："昨天晚上，宝宝接生出来哭了两声，放在秤上就笑了。"

后来的几天里，因为吃牛奶的量不一定够，吸妈妈的奶又含不进乳头，宝宝不时急得大哭，每到这时，护士就走进来问："宝宝为什么哭得这么厉害啊？"护士一讲话，宝宝就不哭了，任护士摆弄也不再哭。有时，她正在哭闹，护士进来说要带她去洗澡，她立刻止住哭声，安安静静地被护士随意一抱就走了。我们笑说宝宝崇拜护士。这种现象一次又一次重演。让我们体验到了宝宝"认母敏感期"的神奇，特别有趣。

3. 宝宝最初的"不俗表现"得益于胎教

护士把初出生的宝宝安顿在妈妈床边的小床上，这时，我们才仔细端详了宝宝：乌黑发亮的头发，镇定自若的眼神，不断吮吸、运动着的小嘴，红扑扑的小圆脸，着实可爱。她微微转动头，宁静地打量着周围，眼睛缓缓地一眨一眨。她举起一只手，用力张开五指，似乎是在舒展着自己。我们怕屋顶的灯刺着宝宝的眼睛，尽管有磨砂玻璃挡着，还是把小床搬到了窗边的墙角，她仍然安静地打量着周围。过了一会儿，我们又怕窗户边凉，再把小床搬回到原来的位置，换了一个方向，床头上遮了一件衣服。挡着从头顶上方射来的灯光，想让宝宝有个稍暗点的环境睡觉。可宝宝又很新奇地打量这件衣服。

以前我生孩子的时候，初生宝宝集中管理，因此没有看到初生宝宝的表现。听人讲，初生宝宝不会有什么反应。可我看到的外孙女宝宝不仅有反应，而且反应"不俗"，特别是那双镇定自若，不断观察的眼睛，让我惊讶。

这大概应该与在母腹中的胎教有关。妈妈怀她的时候，天天听胎教音乐，在公园散步的时候总是一边抚摸着宝宝，一边慢声细语地跟宝宝说话，一有机会还去看美展听音乐会。她爸爸每天都抚摸一会儿腹中的宝宝，告诉宝宝："我是你爸爸"，并跟她讲点什么亲切的话语，这可能让宝宝出生前就熟悉了爸爸的声音。记得从医院回到家后，爸爸常常小心翼翼地两只手捧着把宝宝抱在怀里，然后两人静静地会神地长时间地注视着对方。宁宁一动不动。我看了十分感动，好像宝宝与爸爸的心灵相通。有一次我用像机拍下了这一幕。

冯教授在《三岁缔造一生》中讲："我们跟踪的早慧儿很多都受到不同程度的胎教，……这些胎教事例与我国古代的模糊胎教说和现代国际上有计划的胎教实验都共同展示了一个道理——胎教有神奇、微妙的作用。

为什么胎教是毋庸置疑的积极育儿的重大措施？原来它是造就高智慧大脑的胚芽并使其茁壮成长的第一推动力。"

冯教授还介绍了《斯瑟蒂克胎教法》，介绍了他们夫妻用特殊的胎教法，培养了四个神童女儿。

祝福已孕和未孕的年轻夫妇都能科学地创造性地掌握胎教方法，迈出培育智慧、早慧宝宝的第一步。

4、用普通话成人语言与宝宝交流，不用儿语

我们全家人与宝宝交流，都用普通话成人语言，不用儿语。这样做是为了让宝宝尽早融入到成人语境中，从而获取更多的信息，同时，节省了宝宝二次学习语言的精力。只要接触宝宝或做与宝宝有关的事，我总是先语言通报。这样，宝宝思想上有所准备，甚至有所领悟、配合。充分启迪了宝宝的主动性、积极性。后来随着宝宝成长，通报发展为预报。识字之前是语言预报，识字以后，是语言和文字的双重预报。比如，吃奶、喝水、户外玩都先亮出字牌，朋来客往也都简要写好，挂在墙上，读给宝宝听，指给宝宝看。这样做，宝宝很兴奋，很期待。大大提高了宝宝的灵敏度，加快了宝宝对成人语言的领悟。

5. 坚持多样性运动，构建协调平衡能力的潜意识板块

宝宝的爸爸妈妈积极地让宝宝参与力所能及的多样性运动，以此开发宝宝的智力，提高宝宝的平衡协调能力。

宝宝出生后不足 40 个小时，她爸爸就抱她去本院的婴儿游泳室去游泳了，当时正值冬季，我担心宝宝受凉，但并没反对，因为我有"早教"新理念，只是提醒了一下。回来后，爸爸夸宝宝表现不错，喜欢游泳，不哭不闹不紧张。十分钟里，手脚不停地划水。游泳后还接受了婴儿按摩，很享受的样子。第三次游泳我也去观摩，果然不凡，像个"老运动员"了，游泳时，眼里闪动着激情，接受接摩时，全身放松。那次，在我的建议下，多游了几分钟。

游泳是宝宝从母腹中继承下来的运动，是一项自主性运动。不仅能锻炼宝宝的体魄，而且能极大地刺激宝宝的感观，帮助宝宝构建平衡协调的潜意识板块。出院回到家，爸爸妈妈立刻为宝宝购买了婴儿游泳桶，游泳成了宝宝最方便的运动。

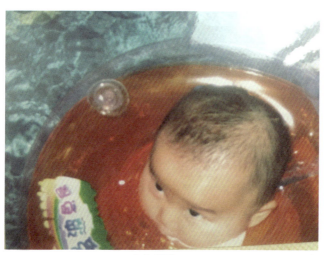

奋力游泳

被动操也是一项简便易行的智力开发运动，每天妈妈都要亲自为宝宝喊着口令做两次被动操。宁宁微笑着，眨着亮晶晶小眼睛体会着，配合着。她的小胳膊小腿能合着口令节奏，顺着妈妈手推的方向运动。做被动操，大人只能启发性用力，所以它是一项被动的表象下，启迪着主动、互动和协调的运动。这项运动过程能极大地促进宝宝的智力发育，很有科学性。宝宝喜欢这项运动，每天早、晚或浴后都要做一遍。

两个多月后，为了更好地培育宝宝的自主活动意识。妈妈为宝宝买了一付双彩虹运动架。两个象彩虹一样的软包装架一前一后连着，前架上吊着色彩各异的几条小鱼和一面小镜子，后架上吊着一个内装小彩铃的18厘米大的透明塑料球。宝宝可以用手抓玩具，用脚去踢球。这是一个创意十足的运动玩具。

宝宝躺在彩虹架下，看到那些生动的小鱼儿在绳头上晃来晃去，很想伸手去摸，可是手不听指挥，摸不到。宝宝只好不停地去尝试。直到心手协调性提高，动作稳了，才能碰到。从碰到小鱼到抓到鱼是又一个过程。要抓到一个晃动着的小鱼需要很多很多次尝试，直到得心应手了，方能如愿。宝宝在不知不觉的自主训练中，既提高了协调性，又增强了坚持性。大人在旁边常常给以饱含热情的鼓励。

后架上挂着的球，被宝宝习惯性蹬腿而无意识地踢到，发出悦耳的响声。这使她很高兴，也激发了她继续蹬腿的愿望。无数次地从偶然踢到球的感觉中得到感悟，使宝宝的脑脚协调能力不断增强，发展到后来能主动踢到球。宝宝每天早上做好被动操，就躺在彩虹架下玩半小时。

我非常喜欢这一类型的玩具，能激发宝宝的潜能。我赞赏女儿选择玩具的智慧。

6个月以后，她爸妈每周一次带她到"金宝贝"运动玩耍。宝宝初识了英语环境，又培养了社交能力。值得称赞的是宝宝的妈妈，特别注意在宝宝敏感期适时教育。宝宝的教育敏感期是不能错过的，错过了难以弥补。宝宝应该庆幸有一个爱学习、有智慧、能坚持的好妈妈。

向前进，向前进……

百日神勇

学会走路以后，每天晚上，她妈妈把被子、枕头散放在床上，让宝宝深一脚、浅一脚在床上走。白天户外玩，我也不用婴儿车推她，大手牵着小手，边走边玩边交流。

和爸爸妈妈在一起

由于从一出生就开始的运动型智力开发，宝宝形成了很好的平衡协调能力和运动能力，在幼儿乐园里，无论哪个项目，她都能沉着稳健，得心应手，玩得出彩。一岁多房间里玩扭扭车，她可以速度很快地在曲折的家具物体间穿行。还会在稍直一点的地方加速后突然仰面躺在车上，半眯着眼睛享受滑行。她不足 4 岁，就能卸掉后支撑小轮，骑真正的两轮自行车。并且会或前或后自如上下车。学习过程也相当轻松。在幼儿园，她跑步总是第一、第二名，游泳名列前茅，轮滑她是领滑，跳绳在七个班级里获得女子第一名。上了小学，体育老师说夸她："体育项目全优。"

幼儿园跳绳比赛颁奖（前排右一）

幼儿园空手道结业

领滑

溜冰

🟠 6. 尊重宝宝的内因性自我锻炼，自我开发

毛泽东主席曾说过，鸡蛋可以孵出小鸡，而石头孵不出小鸡。用于强调内因是根据，外因是条件。宝宝的身心成长，智力开发也一样，靠的是体内强大的生长动能，发展动能。而我们为宝宝提供的一切只是条件。

细心地观察和发现宝宝的个体特征，尊重宝宝的自我锻炼和自我开发。使我们提供的各种条件成为最适时、最适合宝宝内因发展规律的客观条件；使我们提供的各种帮助和指导成为宝宝身心发展最需要的及时雨；使我们自己不单单是宝宝的保育员、营养师，更是宝宝最默契的助手、教练和导师。

我们首次发现宝宝的本能模仿能力瞬间爆发，是在她出生半个月不到的一天。那天半上午，太阳很好，我们把小床搬到了窗户边的太阳光下，帮宝宝脱了裤子爬在床上，小屁股晒着太阳，以获取维 D。晒了一会儿，忽然看到宝宝两臂撑起，身体悬空，似爬行状。大家几乎是同时"啊"的一声惊呼，我急忙伸手揽住了宝宝的胸脯，慢慢把她放平。"哪来那么大劲？""太用力了。"我急忙揭开肚脐眼上的纱布，果然用力太猛，肚脐眼出血了。幸好，家里有出院时带回的纱布和药膏。这是一个本能的模仿动作，可我们谁也没有料到发生得这么快。

原来，宝宝还在妈妈腹中的时候，姑外婆就精心购买来两张大副婴儿画来，其中一张就是"爬行宝贝"，贴在宝宝小床旁的墙上。大人们抱着她时，总要指给她看，她醒着躺在床上也会自己看。"爬行宝贝"特别生动，蓝天白云下，开着小花的绿色草坪上，铺了一张鹅黄色的毛绒毯子，毯子上只穿着纸尿裤的爬行宝贝，昂首悬空，四肢交替快速爬行。

从医院回到家，这张画就成了宝宝最初的朋友。没想到这张画的诱导作用如此之大，也没想到宝宝的本能模仿得如此早，如此强。

我们有些紧张了，一方面加强了看护，另方面商量着买点什么醒目的玩具，满足宝宝的视觉发展需要。宝宝不管那么多，照常喜欢看那张"爬行宝贝"，满了三个月，宝宝真的学爬行宝贝了，下面是我在《宝宝成长日记》中的一段描述：

学习爬行宝宝

前些天，洗好澡抱上床，帮她翻好身的时候，它突然两臂撑起，两脚用劲，两腿交替一弯一伸，还抬头看着"爬行宝贝，"我的手还在她的胸前，一点思想准备也没有。在场的人都叫起来说："好棒！好棒！"因为怕她冷，很快就没让她爬了，她不高兴，居然哭了。今天她又爬行了一回。她两臂像划水一样交替向前伸，双腿交替曲伸，阿姨把手放在她脚后，她一蹬，就可以向前。这样她向前爬了两臂，像上次一样，她也抬头看着"爬行宝贝"。爬过以后，没有像上次那样激动。上次爬好后，因为没有尽兴，手脚不停地动。她妈妈急中生智，唱起了"雪绒花，雪绒花"，她才立刻安静下来。

她爬行时，很突然，动作又急又快，还把头低下来，想在床上拱，因为她脸上有湿疹，所以两次都制止了她，她大概想用力。

2007 年 3 月 15 日

满了 100 天，到儿童医学中心例行健康测试。专家认为宝宝的爬行能力已经达到了与 5 个多月的水平。

100 天以后，宝宝的自我锻炼意识更强了，下面摘录几篇相关日记：

宁宁可以按大人的教导动作了（3 个多月）

昨天，在喂水的时候，她象吃奶一样，小舌头一伸一缩，水有些流出来，阿姨说"把水咽下去"，她很快就知道了，把水一口一口咽下去了。阿姨说："真乖，听懂了"。

2007 年 3 月 23 日

天哪，宁宁可以迈步了

昨天晚上，我抱着宁宁坐在床边，阿姨说"来，阿姨抱"，小宁宁不知是有意无意，摇了摇头。阿姨很高兴，说"点点头，"并示范着自己点头。小宁宁微微地点了一下头。阿姨伸手放在她的腋下，由于阿姨是在床的另一边，与我有些距离，在往自己身边接小宁宁的一刹那，小宁宁居然很自然地迈了几步。我惊呼起来"天哪，她走路了！"宁宁吃惊地看着我，不知发生了什么。阿姨和我都说"不得了""了不得"，"她才一百零几天，步子迈得这么协调。"

2007 年 3 月 25 日

开始冒字了

　　阿姨抱着宁宁看花，边看边告诉她，这是"花"，宁宁突然冒出一个字"花"，其实早一个月的时候，就曾经冒出一个"好"字，饿了的时候，会说"奶""奶奶"。

2007 年 3 月 25 日

宁宁认识镜子里的自己了

　　今天她戴了一顶小花太阳帽，抱她照镜子，她看了看镜子里自己穿的小棉袄，又抬起手臂看了看袖子上的花，再看看镜中里的自己。

2007 年 3 月 27 日

宁宁可以主动抓东西了

　　早上抱来宁宁，躺在彩虹架下，她突然手伸出，胳膊抬高，抓住了架上的小鱼。我一阵惊喜，因为昨天还要人帮忙把手举上来拿。我连忙夸奖说："哦，宁宁又进步了！"并把左面的小鱼摆动了一下，引她去抓。

　　前阵子，她主要用脚踢后面架上的球，这几天她主要用心使用手，今天有所突破了。

2007 年 3 月 31 日

晚上喂米糊，她坚决地伸手握着小勺子把，一起往口里送米糊。喝水也一样，要自己伸手握调羹，弄得米糊和水到处都是。尽管如此，我们还是夸她很棒，并把她爸妈叫来共同鼓励她。阿姨说她真是超人。

今天她已经能向前爬行了，像蚯蚓一样，腿收回来，屁股一弓一弓，胳膊力量不够，所以脸要贴着床，应该说，她的行为总有些超前，她才四个半月多点。

2007 年 4 月 30 日

领悟能力明显强了

阿姨给她洗手，并反复念着儿歌……"左手帮助右手，右手帮助左手。洗出了一双干净小手。"洗好后，她伸出了两只小手晃动一下，注视着阿姨，阿姨马上明白，说："很干净，真棒。"我们乘势教宝宝左手右手了。

2007 年 5 月 1 日

宁宁八个月了

她已经学会了举起手与人打招呼，学会了再见。她还会自学，很有趣，这几天看见她会使用蒲扇扇风了，居然能扇十几下。这是她从大人的行为中看来的，没有谁教过她。因为这扇子重，还以为她拿不动呢。真是太神奇了，她扇得很有节奏，很有样子。

她会说"UP"了，能听懂"保护牙齿"，愿意擦牙，愿意吃奶后喝两口水。

2007 年 8 月 6 日

23

宁宁十个月了

这个月，宁宁最显著的进步是互动能力相当强了。她还练出了几套功夫。一个是称铊功，一个是铁头功。一个是无形腿。

称铊功：当有人想抱她起来，而她不愿意的时候，就使出称铊功对付：把手臂举起放松，同时全身用力往下沉。

铁头功：她常常用头碰碰墙、柜子、床靠背，还常常用头抵住床面或地板，屁股翘起来，两只手从支撑状撤回胸前，只用两脚和头支着。

无形腿：人躺着两只腿飞快地扑蹬，好像看不到腿的影子。

2007 年 10 月 16 日

自我发展

宁宁现在练蹲下起来。扶着东西站着的时候，练放开一只手，再放开一只手。很明显的一个特点是，一切进展都是孩子成长到一定阶段的自我发展，外人只是顺势帮助。

尊重孩子的自我发展，帮她进展顺利就是我们的责任。

2007 年 10 月 27 日

宁宁走路，我们没有刻意帮她练，她基本功练得差不多了，平衡掌握好了，突然她能独立走了。

7. 确保宝宝快乐成长

快乐，愉悦的心情能营养宝宝的性格和情智，所以，我很注意观察宝宝的情绪，及时调整大人的行为，使宝宝的心情保持纯净的愉悦。以下是一篇专题日记：

确保宁宁快乐成长

有几天，宁宁发音低粗，可以让人感觉到她不快乐。一天晚饭后，她爸爸抱着哄她睡，房间里灯光很暗。她爸不做声地晃动着臂，宁宁头微向后，眼睛四处转动，并无睡意，喉管里不时发出几声不快乐的哼声。我有点忍不住了，突然跑过去说："今天我做主了，把灯打开，让宁宁玩一会儿。"说着从她爸爸手中接过小孩子，把她放在小床上，跟她说话。拿来两杯水，告诉宝宝："一杯是我的，一杯是宁宁的。"给她看看杯子，喝水给她看。然后喂她一小口水，跟她用轻快的语调讲话。很快她高兴了，运动着，发出像小鸟一样欢快的声音。后来妈妈也来高兴地与她玩，在她快乐的时候，吃了奶，睡觉了。从那天以后，宁宁再没发出那种不快乐的喉音，经常用小鸟一样的声音与我们欢快地交流。

2007 年 3 月 5 日

8. 早期开发造就了宝宝的灵敏、自信、积极主动

开展识字活动以后，宝宝知道的东西迅速增加，促进了宝宝的联系性思维能力，灵敏度日见增长，下面是写于宝宝十个半月的一段日记：

> 前段时间，我给她唱了一首歌，王洛宾的："在那遥远的地方有位好姑娘，她的脸蛋象初升的太阳，她的眼睛象明媚的月亮。"又给她看了初升的太阳，那红红的大圆脸，一下就给了她美好的印象，又告诉她太阳升起的地方叫东方。以后，一唱到这首歌，她就看东方。后来唱"人们走过她的帐房，都要留恋地回头张望"时，告诉她，那遥远的地方是西北草原上，那姑娘是维吾尔族姑娘，这时，她马上看地图上的新疆，因为曾经告诉过她，新疆住着维吾尔族人。
>
> 2007 年 10 月 24 日

大约一岁零两个月，春节后，我们乘火车到了上海火车站的东出口，她爸拿得东西较多，东出口没有电梯，我抱着宝宝跟她爸爸说："到西出口看看有没有电梯？"宝宝一听，马上扫视周围，"恩"了一声，用手指向"西出口"指示牌。动作之快，令人欣喜。

有时外出乘地铁，她要大人抱她，自已在自动售票机上操作买票，然后她根据指示牌提示，自已在前面带路，我们跟在后面。

有一次从科技馆出来，我们在地铁站应该乘往"世纪大道"的车，我看到"世纪"两字就等好了。她看了一下路线图，对我说："外婆，这是

和外婆在一起

去世纪公园方向的，我们应该到对面乘去世纪大道方向的。"我这才感到自已太粗心了，幸亏带了个"小灵敏"。

又有一次，我陪她去"秦汉胡同"。出了科技馆地铁站，我不清楚怎么走，我说我去问个人，可她自信地说："怎么走，你问我就行了。"

我把上海和宁波的房门钥匙套在包内的一条绳环上，常常开门拿错钥匙。有一次我带着她开门，又用错了钥匙。便对她说："上海、宁波的钥匙放在一起，我总会拿错。"她扫了一眼钥匙，对我说："外婆，一个是两把钥匙，一个是一把钥匙，你怎么会拿错？"我"唔"了一声，才想到我没把好第一关，上海的钥匙是一个环里套着两把钥匙。以后我再没发生用错钥匙的情况。

有一次，我为她在烤面包机里烤面包片，忽然感觉有点焦味，我说："我去拔掉电源。"她说："时间设定旋钮上有'取消'两个字。"，我说：那你试试吧。"她按了一下，果然断电了。那时她两岁半多一点。烤面包机是新置的，又放在角柜上，比较暗，我眼神不好，一直没看到小小旋钮上还有两个字。

她不到 20 个月的一天，我把我的手机号码有节奏地给她读了一边，她复读了一边，以后，每问起，她都回答无误。

她六岁多在宁波，一次散步的路上，我随口说："给你猜个谜语，'马云'，猜一个成语"。她略加思索说不知道，并立即说："'马云'，猜一个字"。我想了好一会儿，猜不出。她说"飞"啊，马都和云在一起了，还不是"飞"吗？我说"有道理，有想象力"。这其实不是严格意义上的猜谜语，只是为了锻炼思维随口说说的。

幼儿园毕业典礼上（持话筒者）

在小学外语节上表演节目

第三章

注重以视觉听觉为重点的感官刺激，促进感官灵敏度的提升

马克思说：

"人创造环境，同样环境也创造人。"

人脑接受外界刺激所产生的心理观察被恩格

斯称为"地球上最美丽的花"

最初的视觉刺激

1. 加快做好服务，创造良好环境，满足宝宝视觉听觉扩展的迫切需求

　　视觉和听觉器官是宝宝一出生就能自如使用的感觉器官。它们是宝宝了解环境，懂得环境，融入环境，与人交流的首要器官。俗话说，眼睛是心灵的窗户，耳朵是思维的大门，宝宝视觉和听觉器官对环境的扩展需求非常迫切。我们全家人都有一种紧迫感，加快为宝宝创造良好环境，刺激宝宝的视角和听觉。以视觉、听觉带动其它感官，全面促进感观灵敏度的提升，决不让"敏感期"无声流失。

　　交流是刺激视觉、听觉的首选方法。

　　我受医生护士的启发，从宝宝出生抱回房间的那一刻起，就开始与宝宝交流了。

　　我曾看到一个小宝宝坐在婴儿车上被推着在街上走，路过理发店，小孩对门口的条纹状转转灯很感兴趣，已经走过了还使劲回头看。可推车的人既不停下来，也不说话，只管视而不见地往前推，我看了心里很难受，感到太残酷了。

　　我在宝宝两个多月时，开始写宝宝的成长日记，在前言中，我略回顾了一下前面的情况，现在摘录一段关于交流的记述：

　　"她爸爸抱他的时候，是小心地用双手捧着她。可是一个月以后，不灵了，宁宁要求立着抱，以方便她环顾四周，她爸爸重复着老姿态时，她就哭，我们说她爸爸应该与时俱进。宁宁喜欢月嫂阿姨抱，她会动感很强地摆弄她，宝宝因此会笑。我和她妈妈常常担心地对阿姨说：'轻点，幅度小点。'可下回阿姨还是照旧自己抖动着腿，'咚咔咔，咚咔咔'，边唱边摆动着她的小手，带动小胳膊随着强烈的节奏摆动，宁宁因此张大小嘴笑。

　　在与宁宁相处时，我喜欢不断地跟她讲话，她妈妈说："外婆

不要老讲话。"我说："就是要不断地跟她讲。"月嫂阿姨也喜欢跟她讲话。后来，全家人都跟她讲话。哄她睡的时候，有节奏地念一些儿歌，看得出，她喜欢听。她哭的时候，一放音乐，一讲儿歌，她就会安静下来。到了一个半月左右，她会有意识地跟人交流了，后来，我们每个人都跟她对视着交流一会儿，她或笑，或小嘴蠕动着，发出一些音符，很开心地表达着什么。昨天上午，她妈妈单位的人来看她们。她对每个人审视了很久，看过一两轮后，她笑着跟每个叔叔阿姨交流，引得大家很喜欢她，客人走后，我们都夸宁宁很棒。"

2007 年 2 月 17 日

在《成长日记》中，有几篇记录了我们为宝宝创造较为丰富的视觉环境，和环境对提升宝宝视觉灵敏度的效果。

抄录如下：

满足宁宁的视觉进步

一个半月左右，我们发现宁宁看东西开始专注起来了，墙上贴着的小娃娃像，她可以盯着看好久。有时候看到她表情丰富，举起照相机想拍下来，可是她一看到照像机就收起笑容，专注地看照像机。大家都觉得应该布置一下环境了，以满足宁宁日益发展的视觉要求。于是她爸爸给她买了气球，外婆和妈妈为她做了"转转乐"插在小床上方。上面挂了许多生动、鲜艳的小动物，小猴子荡秋千是红色的，小熊是粉色的，小鸟是黄色的等。在客厅和外婆房间，为宁宁布置了鲜亮的视觉环境，挂了图画，大都是较大幅单个动物画，有火烈鸟、孔雀、大象、老虎、熊猫等。宁宁很喜欢挂图上的孔雀，一问孔雀在哪？她就会把目光投过去并久久注视，表现得很高兴。

2007 年 2 月 20 日

现在宁宁两个半月了，她已经能听懂一些话了，明白鼓励与制止。挂在墙上的画，讲到名称，她就会把目光投过去。如孔雀、熊猫（panda），她基本认识；对小哥哥的头像、爬行宝贝图像等，她会反复看，很专注。她现在喜欢人物和动物。

2007 年 2 月 22 日

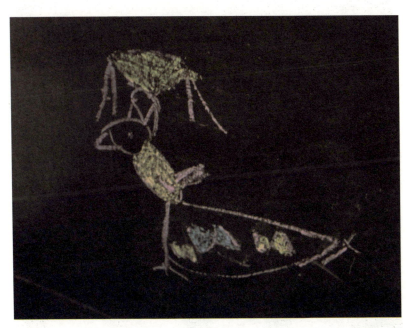

粉笔即兴画：戴皇冠的鸟【不足三岁创作】

和爸妈逛商店【不足三岁创作】

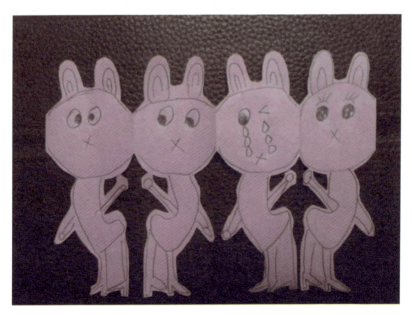

小兔跳扭扭舞【不足三岁创作】

砂画创作

启发她的用手能力

我们多次发现宁宁自主用手能力较差，大概与她的手被藏在长长的棉袄袖子里有关。经过她妈妈的精心教练，今天她成功地自主用手了。她抬起胳膊，张开手，用手指拨动一个穿在小棍上的球。我们赞扬后，总是鼓励她再来一次，她能够自主地重来一次，我们大声地为她喝彩："宁宁真棒！"

家里一个美人鱼卡通大气球，她很爱看。我今天跟她说："美人鱼的舞跳得多好，宁宁也来试试。"她于是小幅度地抬了一下胳膊。在我们的鼓励下，她不断地尝试着，很可爱。后来我和她妈为她边歌边舞，主要是舞动手臂，也算抛砖引玉。她看得很认真，很高兴，不时地动动手臂。

我非常喜欢宁宁的认真和专注，非常喜欢她学习动作时候的不慌不忙不乱、有节奏有质量。

2007 年 2 月 26 日

下面是有关这方面纪录的几篇日记：

用理解的方法让宁宁认识事物

挂图上有一头大象，我们告诉她以后，问她大象在哪？她立刻用眼睛看过去。但她还小，没有去过动物园。我就把法国小女孩蒂皮·德格雷那本《我的野生动物朋友》中有大象和小女孩在一起的照片指给她看。在对比中，她对大象有了更深的印象和理解。今天我给她换纸尿裤时，给她看上面的图标小象。她好象看到了老朋友，非常高兴，并伸手去摸。我告诉她：这是大象的小宝宝，是小象。我相信，她已经对大象的形象和大象是人类的朋友有了一个初步的认识。

用扩展的方法教她认识事物。尽量让她在理解的基础上认识和记忆。

2007 年 3 月 15 日（不足 100 天）

水和火

宁宁已经知道自己的手、脚及五官了，今天开始让她认识水。打开水龙头，让她看到水流出来，然后冲洗小屁股，她可以从镜子里看到。让她伸出小手接水洗手，去感觉。争取在几天内，让她较深刻地认识水、认识火。

2007 年 3 月 15 日（不足 100 天）

表达意愿

今天，外婆伸出双手说："来，宁宁，外婆抱。"并说："愿意的话，张开双臂，象小鸟展开翅膀一样。"她看着我启动了一下双臂，我趁势把她抱过来，把音乐略开大，和着节奏摇起来。阿姨说："来。阿姨抱。"小家伙上面那只手臂往外一推，头往我怀里一钻，表示了她不愿意。

2007 年 3 月 5 日

宁宁100天了

今天，为庆祝宁宁100天，带她到时代广场照了像，顺便游历了时代广场六楼的各色商店。这些商店是以学龄前儿童为服务对象的。宁宁看得很认真，她还是第一次看到这么多、这么好看的东西。她有点目不暇接，但决不含糊。轮到照相时，应该已经困了，但她很快进入状态，穿着纸尿裤，趴着能昂起头，工作人员说，看起来她比100天要大。

回到家后，明显看到她有变化，更喜欢看图片之类的东西了。

2007年3月18日

宁宁去了陆家嘴公园

经过多次建议，她的爸爸妈妈同意带宁宁去陆家嘴公园看看了。

近几天看到宁宁对单个的动物挂图不感兴趣了，而对一张八开纸上有八幅小画的各种生活情景认知篇非常感兴趣了。起初她妈妈拿出这本挂图的时候，我还说可能太复杂，宁宁不一定会看。没想到恰恰相反，她特别爱看。边看边"呼吃呼吃"地全身动，边笑。再让她看"熊猫、孔雀、巨嘴鸟、金鱼、大象、老虎"等挂图时，她只是平静地看看。已经没有激情了。

我们住的小区中央有一池水，里边养了很多锦鲤鱼，周围有树有花，总体环境优美。我们经常带她去呼吸新鲜空气，看花，看草，看树。但这几天，她也不是太有兴趣了。阿姨说："宁宁接受能力强，想看新东西了。"

我很想让宁宁看看大气势的东西，提议到陆家嘴去认识黄浦江，并想再看看时代广场的乐器馆，看看钢琴、小号、洋鼓、吉它等。给她进一步的感观刺激。

到了陆家嘴公园。她稍稍看了一会儿就睡了，享受了一下新鲜空气。在时代广场西洋乐器店她很兴奋，帮她用手压了钢琴，敲了鼓打了钗，看了小号，吉它。相信她比上次印象深了点。她很注意地看琴上的乐谱。我总觉得宁宁不怕复杂。店里的女营业员喜爱地逗逗她，说"现在小了点"。

我们只是让她认识这些物品。她有很高的兴趣和接受能力去认识物体。等稍大点，就可以深入地了解物体了。

2007年3月31日

宁宁看了黄浦江和大轮船

在我的积极倡导下，5月4日，她爸妈和我带她到了滨江公园。沿黄浦江欣赏了黄浦江的波涛和各种轮船。天气比较热，小家伙虽然睡了一会儿，但醒了后，还是热情饱满地认识了黄浦江的美景。让宁宁早点见大世面是我热切的愿望。

2007年5月4日

剪纸画【8岁创作】

由于很重视宝宝的视觉听觉刺激，她的思维、情智都发展很快。下面两篇成长日记记录了这方面的片断：

宁宁懂得表达关注之情了

今天，我在厨房，阿姨抱着宁宁在厨房门口。我揭开烧开的小锅盖，热气直冒，我夸张地说着很烫，手很痛。意在让宁宁知道烧开的锅是危险的，阿姨说："记得啊，不能去碰。"说完抱着转身要走，宁宁突然哭出声，关切地扭过头来看着我，我赶快跑过来给她看我的双手，说："外婆没事。"她才平静下来。

昨天，我抱着她，跟她妈妈说："送你姐姐到火车站后，我很难过。她真得很不容易。度过了多大的难关（动过手术），还总想着别人。"说着，我眼泪流了出来。宁宁是背靠着我的胸，她听出我的声音有些不对，扭过头用关切的眼神注视我的眼睛两次，让我永远记得这情景，她还不到六个月。

记得一个多月前，她妈因与她爸有些争论，躺在床上不高兴。我抱她走进房间，跟她妈说话。她发现妈妈的情绪有问题，她神情严肃，眼神关切地看着妈妈。她妈立刻微笑着与她说话，她还是觉得有问题，依然目光凝重地看着妈妈，妈妈感动得流出了眼泪。

宁宁爸爸看到这一切说："哇！她真的很知道。"

宁宁一定是个聪明的孩子，外婆喜欢你。

2007 年 6 月 4 日

她的情感关注是最让我感动的。今天由于用药方面，她妈妈与我意见不一致，我不开心，宁宁几次用关切的眼神回头看我，我马上微笑，不忍心让这么小的宁宁为我担心。

宁宁，你一定是个很有出息的好孩子。

2007 年 6 月 10 日

手工制作

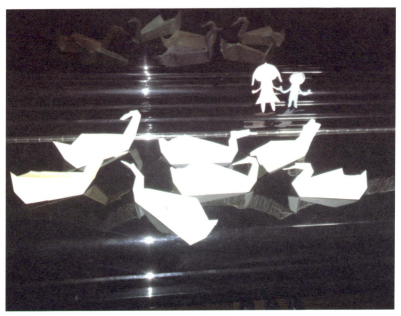

折纸：天鹅湖

第四章

适时开始识字活动，
视觉语言与听觉语言同步发展

早教设计师冯德全教授说：

"婴儿的记忆，全凭印象记忆，他的脑子像摄影机摄取形象，录音机录取音响一样，脑的记忆区犹如一卷慢慢感光的底片，感光几次就记住了。"

"婴儿期最容易获得'音乐敏感''绘画敏感''语言敏感''识字敏感'以及各种不良习惯的敏感等。"

瑞典的希丁教授和兰盖教授：

"用显微镜观察，认为早期学习能使脑细胞变复杂，并增加了脑细胞内记忆分子的核糖核酸。"

婴儿识字，与少儿、成人识字不一样，他不是从笔画、结构去认识字，而是认字的形象，和认物、认人一样。所以不存在简单与复杂。我们在宝宝开始认物的时候，同时识字。毫不费力地通过识字实现了提前阅读。

1. 宝宝能用眼神正确地回答指向性问题，是开始识字的前提条件

宝宝 4 个月以后，已经可以迅速准确地用眼睛回答大人的指向性问题了，家里挂的动物大画早已不是问题。家里挂着一幅字："架上有书随我读，壶中无酒任其空。"一读架上有书，还没等读完，她的眼睛早就盯好了。一张八开纸上有八幅画的挂图，问到其中一幅，她也可以迅速用眼睛准确地回答了。

我们开始考虑宝宝的识字问题了，因为她的眼睛会说话了。宝宝成长日记里这样记录：

怎样早教是个重要课题

她妈妈买了很多关于婴儿早教的书，我正在抓紧看。现在让她认识物品，认识情景问题不大，可认字、词怎样进行，还需要摸索。她妈妈已经画图教字了，我觉得可以。我必须认真学习和思考。告诉宁宁事情时，她会特别认真，我们要对得起她的认真。

2007 年 4 月 23 日

今天让宁宁独立玩了很久

早上从她爸妈那里抱过来，先做了一下被动操，接着把彩虹架放在床上，让她玩小鱼和踢球，略加诱导后，就让她一个人玩。我则在床边看墙上的世界地图。想着先教她几个地理大国，再告诉她文明古国，

再告诉她经济强国，并和国旗一并告诉。我时不时地说一句："好，很棒。"她玩了一些时候，把头扭向世界地图，认真地看着。我乘机抱起来，告诉她几个大国及国旗。

2007 年 5 月 2 日

宁宁开始依物认字了

这半个月来，因为她的皮肤过敏，她爸妈也认为有一个原因是我心急，带她去看黄浦江等累着她了，所以思想有点混乱。但我能明显感觉到：宁宁需要"节目"，把她放在床上，她两条小腿乱打床，两只小胳膊乱打肚皮，告诉她一点知识，就能安静下来，专注地听。我决定为她安排点"节目"。把家里的床、柜子、门都贴了字，告诉她时，她的眼光专注，手脚全安静下来。

2007 年 5 月 19 日

我介绍给宝宝的第一个字是"电"，家里带电的器具很多，她了解了"电"，学其它电器时，就多少知道点内涵了。

我用毛笔写了一个大大的"电"字。挂在一进门的分电器上，我告诉她：这是电，电在电线里活动，电线从外面接到分电器里，分电器里是开关，打开开关，电就进了咱们家的电线里，到了各个地方。打开电灯的开关，电灯就亮了；打开电视机，电视机就有节目了；打开收录机，就听到歌声了。电还接到插座上等人们用，插上电吹风，电吹风就能用，插上充电器，电就充到电池里。我告诉她，电的力量很大，人不能碰到电，电线埋在墙里，这样安全。我边告诉她边操作给她看。她看得很认真，眼睛里闪着灵动。其它有形的依物认字就比较简单了。下面是写于宝宝6个月的日记：

宁宁已经认识电、门、中国地图、世界地图了，她对依物认字很有兴趣，昨天又写了"北京""上海""吃奶"，当喂她奶时，亮出"吃奶"她很认真地看着。

2007 年 5 月 20 日

我把大姨带来的大字贴在了对应物体上。她醒来有些不高兴，扭动着身体在床上哼哼，突然头往后一仰，看到床背上的"床"字，她高兴了，专注地看着。我乘势抱起她，念着"床"。并看窗户上的"窗户"、书架上的"书架"，她立刻精神很集中地看着这几个字。她第一次看到，她喜欢认字。

2007 年 6 月 4 日

宁宁真是一个好孩子，她反应机敏，情感丰富，重要的事情上神情专注，她性格活泼，具有顽强的向上精神，对书本、文字有很认真的兴趣和很好的记忆力……

今天我用毛笔写了一个比较大的"上海"，她看到后，目光唰地投向中国地图的上海方位。

2007 年 6 月 10 日

2. 观察宝宝情绪，尊重宝宝意愿，与宝宝达成高度默契

宝宝五个多月开始识字，如何确定效果呢？我仔细观察宝宝的情绪和意愿。贴了字的第三天，根据宝宝的指点，我抱她来到贴了字的门前，她伸手撕下了门上的"门"字。然后依着她的手势抱到每一个贴字的物体前，她都撕下上面的字。有一些字是挂在房间绳子上的，她也示意拿下来。我尊重宝宝的意愿，隐约感到她可能认识这些字了，想看新字了。于是我写了新的字，贴在对应的物体上，较为抽象的字挂在绳子上。宝宝很兴奋。

就这样我和宝宝取得了默契。宝宝示意换字就换字，示意挂字就挂字。识字活动成功拉开了序幕。

3. 鼓励和喝彩贯穿识字全过程，快乐和激情成就宝宝自信心

识字活动成功开展后，识字面很快扩宽了。家里的家具类，电器类，空间类，厨房用品类，卫生间洗浴类，都贴上了白纸黑字。抱宝宝到哪里，宝宝就认到哪里。物与字同时认识。把字读给宝宝听的时候，有节奏、有快慢、有重点、有演示，使宝宝听了很有兴趣，看了过目不忘。比如电吹风，先重音读"电"。并把插头插进插座，然后读"吹风"，并按下开关。让宝宝感觉风吹过来。关上电吹风，把着宝宝的手，按下电吹风开关，让宝宝亲自体验电吹风启动过程。再指着字，慢节奏读"电吹风"。宝宝很兴奋，亮晶晶的眼睛神情专注，伸手还想试试，于是满足她的积极性，再试一次，并把字递到她手里，再念两次，然后挂在绳子上。她躺在床上玩时，有时突然停下来，看着绳子上的字出神。

第二个过程是大人提问，宝宝用眼神确定字。她的眼睛活动很快，一下就盯着字了，在场的人就喊："好棒！好棒！"边夸边鼓掌。渐渐她也学会鼓掌欢腾，非常开心。认字成了一种向往。睡觉醒了，不声不响，头转来转去看周围的字。我静静地观察着宝宝，感觉出宝宝很有兴趣。

宝宝能坐稳后，会在几张字的字堆里找出要找的字了。每当找出指定的字，我们都会报以掌声、喝彩声。宝宝自己也鼓掌欢呼，眼睛里满是得意、兴奋。我们很喜欢她那得意的神彩。快乐和激情成就了宝宝的自信心。有时宝宝也用动作回答字的内容，比如，我拿起"睡"字，她就躺倒闭上眼睛，我拿起"书"她就举起一本书。我拿起"喝水"，她就做喝水的动作。会走后，我拿起"逃跑"，她就边跑边回头看看。

因为初学识字是用眼神与大人交流，所以宁宁的眼神特别神。记得她十来个月的一天，我和她妈妈带她去上海美术馆看画展。一楼有个书店，

我们走了进去。书店里站着一位身着黑色西装两手背在身后面部表情严肃的男青年营业员。宁宁一看到他，就用眼神和微笑和他打招呼，可那人并不回应，宁宁再次用微笑与眼神跟他打招呼，并挥着小手。那人终于用微笑回应了，并把我们领进了里面一间婴幼儿书架前。

还有一篇日记记录了她的眼神：

眼神比说话还管用

今天下午，我们带宁宁乘了地铁，去南京路步行街玩了一趟。地铁人比较多，人挨人。对面隔过我和她妈妈，一个阿姨打电话。她认真地看着，妈妈跟她说："阿姨在打电话。"打好电话，阿姨把电话放在腹前的挎包里，空出手抓住了立杆。宁宁隔着人没看到手机放在了哪里，就翘首向前下方看了看，没看到，又用疑惑的神情看着阿姨。阿姨会意，就把腹前的小挎包提上来，打开包取出手机，给宁宁看过，让宁宁看着装入袋中。宁宁和阿姨相视微笑了一下，放下心来。

2007 年 10 月 20 日

她一岁左右，已经很好交流了。小时候打预防针，事先给她介绍有关情况，打针时她从来没有哭过一次。病了吃药，先讲明白，总是很配合。她爸说："她真的很好交流了。"

想象创作画

第五章

生活中学　书本上看
游戏中悟　体验中识

提出"视觉语言"的冯德全教授认为:

　　"视觉语言"(识字、阅读)完全能够与"听觉语言"(听话、说话)同步发展,婴幼儿时期是多、快、好、省的最佳识字期,只要更新教育思想、创造识字环境、运用游戏识字、游戏阅读法,婴儿半岁甚至更早即可开始识字,三、四岁便能脱盲,就可以广泛阅读,5岁则可博览少儿群书了。

冯德全在《三岁缔造一生》中写道:

　　早期识字从婴幼儿"形成敏感""印象记忆""情境领悟""本能模仿"等认识特点出发,采用"环境濡染"识字法、"生活渗透"识字法和游戏活动识字法教学,做到生活中教,游戏中学;教在有心,学在无意;玩中有学,学中有玩;耳濡目染、榜样诱导、激发兴趣、积极鼓励;让孩子在不知不觉中识字、读书。1岁前开始识字的孩子,每天只要花10分钟,……自己也不知道何时学会识字读书的。

1. 生活中学，随机识字

婴儿的记忆特点是印象记忆。冯老在《三岁缔造一生》中讲："他的脑子像摄像机摄取形像、录音机录取音响一样，脑的记忆犹如一卷慢慢感光的底片，感光几次就记住了。"

初学识字的婴儿首先从生活中学，随机性地物和字一起认知。情景和字一起认知，情感和字一起认知。

在宝宝的生活中，随时都会有一些关键字和着生活节奏，有情趣地跳出来。及时提取出这些关键字，用加强的抑、扬、顿、挫声调读这些关键字，再亮出大字卡给宝宝看，宝宝就能明白这些字，记住这些字。

比如宝宝睡醒了，我就用强音长调读"醒了""醒了"，并举起事先备好的大字"醒"指给她看，念给她听，然后贴在小床边的大衣柜上。

宝宝想起床了，就用长调读"起床"边读边抱起宝宝，手里变出了"起床"两个大字。宝宝高兴地示意把字贴在衣柜上。

下次，起床后，把"穿""衣服""裤子""袜子""鞋子"等字读给宝宝听，拿给宝宝看。贴在衣柜上。

早上宝宝醒来，拉开窗帘，看"天亮了"识"天亮了"。有时遇得巧，宝宝醒得早，东方又有薄云，宝宝可以看"日出"，教她识"太阳出来了"。

生活中学，看似随机无意，实则教者有心，一岁之前，宝宝自主活动能力差，大人做好准备，你引导到那里，他就认识到那里。

到了阳台，认空间"阳台"，认"晾衣杆""衣架"。到了卫生间，认空间"卫生间"，识"洗手""洗衣机""浴缸""坐便器""镜子"等。

到户外散步，带着相关的字，走在路上，把"路"字放在路边。看见草地，把"草"字放在草上，看见树，把"树"字放在树叉上。有的树用木干支撑着，告诉她：树干离开了树根就死了，死了的树干叫木头，把"木"放在木干上。到了鱼塘边上把字"鱼塘"放在地上。回家时，一一收回，边收边读。

把家庭成员的称谓和名字写出来，挂在绳上。把认识的邻家小朋友的名字也写出来挂在绳上。时不时读一读。上幼儿园后，把班上老师和小朋友的名字都写出来，她很有兴趣。

　　爸妈买了商品来，认商标、商品名称。也认生产日期、保质期。走在路上认招牌、道路指示牌。

　　有一次我抱着宝宝散步，顺便给她介绍汽车出口处的文字和标识，认自行车库的标识。一位农民伯伯注意了我们许久，问我："你给她讲这些，她能懂吗？"我说我告诉了她，她就知道了。

　　我们小区与小学校的大操场隔着一道铁栅栏。每到周一早上，就抱她去看操场上的"升旗"仪式，看"老师""同学"，看"敲鼓""吹号""做操"。上体育课时，就看"打球"，看"赛跑"。放学了，摸摸哥哥姐姐的"红领巾"，有时哥哥姐姐把红领巾给她戴一下，告诉她好学生带红领巾。回到家里，把关键字用毛笔写成大字挂起来，边演示边读给宝宝听。

每当看到小姐姐甩着马尾辫，戴着红领巾，背着书包上学校，她就兴奋得抿着小嘴迷起眼睛，展现出一脸的羡慕。

春天来了，她妈妈买来"春、夏、秋、冬"的条幅画挂在墙上。我每天带她看小区里植物的变化。常青树上长出了"嫩嫩的新叶"，"小草绿油油的"，"茶花开得又大又漂亮"。在润物细无声的雨夜后，早上抱她看夜里落下来的茶花，给她念"春晓"，把依然娇艳的花朵捡起来，敲门送给邻家小姐姐。

会说话以后，每逢外出或坐在汽车上，我和她抢读广告、招牌、道路指示牌。看谁先看到先读出，成为经常性游戏。

宝宝也习惯了走到哪学到哪，看到什么学什么。一切都在不以为然中进行。

有一次爸爸到兰州出差，我和宝宝在地图上找出兰州。后来抱她在小区门口玩，她看到"兰州拉面店"的招牌，指着对我说"爸爸"。因为她只会讲爸爸妈妈，所以我知道她讲爸爸去了"兰州"。我说："宝宝看到'兰州'了？"她点头。我指着招牌读"兰州拉面店"，这几个字别的地方看到过，她认识。

她的爸爸妈妈跟她玩的时候，也用英语讲一些关键字，比如爸爸举起她再放下来，读"up，down"；地上弄脏了，读"dirty"；表扬她时，大声说"very good"。让宝宝从小对英语不陌生。

2. 书本上看，广泛涉猎

书本是知识的载体，古今中外无所不含。选择概括性的看图识字本，介绍给宝宝看图、教给宝宝识字，很适合已经开始生活中识字的婴儿。

婴儿生活中所能看到的东西毕竟有限，要不断扩展婴儿的视觉刺激，就必须为她选择适合的图书。比如表现江、河、湖、海，春、夏、秋、冬，火山爆发、地震、泥石流、星球、宇宙等自然现象的图书，可以高度概括地把事物表现在图片或照片中。变成适合婴幼儿"印象记忆"特点的具体形象。

书本可以引领宝宝开阔视野，广泛涉猎，启迪思维，使视觉语言和听觉语言同时发育。书本可以轻松地把宝宝带到知识海洋的浅滩上游戏、观赏、吸收。

宝宝四个多月的时候，我外出看病、顺便为宝宝选购了一些书。有《看图识字》，有《宇宙奥秘》《安全教育》《成语故事》《世界100个名人》，还有中国地图、世界地图等。

最先介绍给宝宝的是看图识字，宝宝特别感兴趣，内容有山、石、土、田、日、月、水、火，阴、情、雨、雪，春、夏、秋、冬等自然现象，也有人物类、表情类等。书本上看和生活中学相互补充，扩展了宝宝的观察邻域。

挂图上看，也是我们不错的选择。其中有宝宝的身体结构图，生活情景图，游戏秩序图。宝宝非常有兴趣，挂在墙上，看起来也方便。

放碟片，听故事、听音乐、听古诗、听毛泽东诗词、听三字经等。

《聪聪 get up》她非常喜欢听，6个多月，她能听懂 get up（起床）、sleep（睡觉）以及 good morning（早上好）、up、down、dirty 等。

地图和地球仪是宝宝的专题节目，从五个多月认识"中国地图""世界地图""上海""北京"起，到10个多月认识了各省、市、自治区名称和世界地图上6个地理大国名称，并能在地图上指出来。下面是《成长日记》中的一篇记录：

宁宁确实认识不少字了

宁宁对教地图上各省名称有点心不在焉了。今天我试着把有关的字随意放在她身边。然后说把"新疆"给外婆拿来，她拿来了；把"江西"拿来，她拿来了；把"北京"拿来，她拿来了；把"陕西"拿来，她看着陕西过了一会儿，然后毫不犹豫地拿给了我（估计心里在判断是山西还是陕西）……我想在一个星期内把中国地图内的所有省、市、自治区名称都用检验的方式让她心里巩固一下，然后去认识各省省会城市名称。争取在她一周岁时能认识各省省会城市。

世界地图，已经告诉了六个领土大国，四大文明古国。

2007 年 11 月 1 日

认识省会和自治区首府城市开始后，连续几天在新闻联播后带她看天气预报。再把省会城市的名称写在对应省名称的字卡后面，很快她就认识了。有时还在马路上看汽车牌照时，顺便讲讲省、市、自治区简称。

人类是大自然的产物，我们一直很注意引导宝宝认识大自然，尊重大自然。经常一起翻看《宇宙的奥秘》《地球的秘密》。还演示"日食、月食"，认识"月球绕着地球转，地球绕着太阳转"。户外玩时，与她一起看自己的影子在早、中、晚的长度有什么不同，体验早、中、晚的温度怎样变化。再用地球围绕太阳自转的规律解释。下面是《成长日记》中写于宝宝十个多月的一段关于人类探月的趣事：

今天"嫦娥"号卫星升空，给她看了一会儿直播。并告诉她，"嫦娥"号去月亮上做客，又抱她去看月亮，问她月亮高兴不高兴？她鼓掌显示喜悦，表示月亮是高兴的。我就告诉她："月亮说'欢迎地球人来做客，欢迎中国人来做客，欢迎中国姑娘宁宁来做客。'"她看着月亮不断地鼓掌，并隔一会儿就要去看一次月亮。

2007 年 10 月 24 日

快到一岁时，开始介绍《世界 100 个名人》，我给她看人物肖像，讲人物故事，再写出关键词。最先写的是："爱迪生是美国的发明大王，他最著名的发明是电灯泡、录音装置。"第二次写的是："伽利略是意大利的天文学家，他发现地球是围绕太阳转的。"那时候她还不会说话，一问爱迪生发明了什么？她就用手指电灯泡和收录机。

一周岁生日那天，表舅妈送给她一套识字卡片（1-8岁适用），分A、B、C、D四部分，每部分除了字卡，还有一册书，里边有图画和短文。字卡正反面都有字，有名词，动词，形容词。有的卡片正反面词有联系，比如正面是春，反面是暖，正面是夏，反面是热，正面是秋，反面是凉，正面是冬，反面是冷。这套字卡设计很有智慧，表舅妈选购这套字卡也很有智慧。大大提升了宝宝的识字质量。还方便了宝宝用字卡做游戏，她喜欢玩小宝请客，字卡就是道具，餐具是字卡，调味品是字卡，各种食材和美食是字卡，水果是字卡，请来的客人和动物朋友也是字卡。一大盒字卡任她安排。

小鸟一家（手指画）

下面写于宝宝 13 个月的日记：

宁宁已经13个月了，她会闪电式认字。前些时候，我拿出识字卡，一面是春、夏、秋、冬，反面是暖、热、凉、冷。我告诉她春暖、夏热、秋凉、冬冷，然后把暖热凉冷放在上面，让她猜哪张是春，哪张是夏，哪张是冬，哪张是秋，她毫不犹豫地拿起暖、热、冷。再问那张是秋？她不予理睬，大概是认为只有一张了。有些字只随便给她认过。不知她是否记住，想叫她拿一下，她不予理睬，但我说外婆闭上眼睛，让她拿什么字，她就拿来了。

保守计算一下，她认识的字超过250个了，有些字她在外面标语上认识，会用手去指点，如"大家小家是一家。"日历上"足球带来快乐""二锅头酒"。她都认识。

幼儿园想像画

她会挑选 CD 片，问她要不要听小狗圆舞曲，她就打开抽屉拿出"语言训练"碟片，问她想听钢琴曲吗？她就拿出"理查德·克莱德曼"。她还喜欢听毛泽东诗词欣赏，因为四个来月我就唱或读"沁园春·雪"作为摇篮曲。

宁宁是一个智力超群，情感丰富，性格顽强，非常聪明的小女孩，大家都喜欢她。

2008 年元月九日

所说的闪电式认字，就是一张字卡只读给她看 2～3 次，每次 2～3 秒。她对这种认字方法很有兴趣。闪电式认过后，把字混在其它字卡里（不超过 10 张）让她找出来，她都无一失误。如果一张字卡让她多看，她就不予理睬，只顾玩自己的。三岁以后，她没再翻这套字卡。

如果是句子、古诗词、日程安排，就用毛笔写在大纸上或小黑板上，她会反复看。

伴随着识字，宝宝越来越喜欢自己翻看书，一本《安全教育》，她不声不响地翻看过很多遍，我想考查一下，选了书后面的一道题目问她："图里哪些物品不能玩？"她看了一下，迅速用手指出：电冰箱、洗衣机、电吹风。开始讲话以后，她拿起字卡，就能读出。读第一个字是在宁波，当时我正在客厅做着什么，她在沙发前翻着字卡，突然她向我举起一张字卡，清楚地读出"黑"，我很高兴，把她紧紧拥在怀里。读书从此开始了，儿歌、童话、古诗词、都一句句指着字读给她听。然后让她跟读，再自己读。四岁出头，读了一本获得国际金奖的儿童文学《一百条裙子》，是和外婆一页一页轮读的，因为比较厚。五岁多读了《苹果树上的外婆》，也是轮读。六岁半读了《亲爱的汉修先生》，也是轮读，不过是一章一章轮读。七岁出头，独立阅读《费斯的秘密》，所有这些书都是从获得国际金奖的优秀文学作品中选出来的。

《三字经》是中国的经典国学。之前我从未读过。从宝宝 5 个多月开始识字时起，我自学了《三字经》。决定先教宝宝劝学篇部分，然后选择适当时机，教历史演进篇，其它暂不学。

　　学习方法是先讲相关故事，把宝宝引入要学内容的特定情景中，再听碟片，然后认读原文。原文用毛笔字写在白纸上，挂在墙上，方便宝宝随时读。通过学习，知道了很多励志故事，懂了不少道理，宝宝特别爱说"幼不学，老何为"。

和外公瞻仰中山先生

　　《三字经》的历史部分，是根据她妈妈的建议，在宝宝三岁半来宁波度暑假，不足一个月学完的。这一次没有用毛笔写了，因为宝宝大了，看书上的字不费力了。

　　这一次的学习方法，是我们和宝宝一起先演故事，让枯燥的历史人物和故事鲜活起来了，再认读文字，比如历史部分第一节："自羲农至黄帝，号三皇居上世。"外公扮夫羲，带领大伙打猎抓鱼，然后分给大家吃。宝宝扮演神农氏，上山采药给人治病，把野生植物带回来让大伙种植，给大家吃。外婆扮演黄帝，管理人们的生活秩序。宝宝演得神采飞扬，兴致勃勃。然后打开书，读文识字。效果很好。讲到唐朝盛世时，她说："怪不得李世民是《世界100个名人》中的第一个。"讲到国大明都金陵时，她说，"我在南京看到过（指明朝遗址）"、"我家有本《明朝那些事儿》"。讲到清朝是孙中山领导的新民主主义革命推翻的，她就问："后来呢？"我就给她编了几句："孙中山除帝制，建民国介石断。"并写出来解释给她听。她又问："后来呢？"我说："以毛泽东为首的中国共产党创建了新中国，现在正发展呢。"

和外婆在一起阅读

认真的时候

3. 游戏中悟，启迪思维

　　婴幼宝宝记忆的显著特点是印象记忆，一般直观的形象，不做游戏也容易记忆。如果是抽象的名词、动态的名词、形容词，就用游戏的方法，把不直观的形象间接地变成直观的形象。使宝宝能明白意思，启迪思维。

　　比如我在教宝宝 "上海"时，感到指着地图上的一个小圆圈教她，

63

太抽象了。于是我先从小的区间教起，慢慢启迪她。进家门时，指着家门告诉她，这里边是咱们家，对面门里是阿姨的家，楼下是小姐姐的家。户外玩的时候，让她看一幢一幢楼房和楼的编号。从小区外面进大门时，告诉她这是我们的小区，并指着牌子告诉她小区名称。在家玩积木时，帮她围个圈，说这是我们的小区，里边放几块积木，说是楼房。玩的高兴时，我拿张白纸和彩笔，说我们把小区画在纸上，先画个大圈，再画些小方块，并说这是我们小区 XXX，这是我们住的楼房 XX 号，这是某宝宝住的楼房 XX 号。宝宝也想拿笔，就把笔放在宝宝手里，让她乱画，并说一些名称：这是鱼池，这是凉亭等。还要告诉宝宝："楼房画得是不是很小啊？因为纸太小了，只能画个小方块表示一下。"

又一天，拿张纸，给宝宝看着：画一条黄浦江吧，江边有公园，画个小圆圈；有商店，再画个圈；还有很多楼房，特别强调画一个我们的小区。然后说，这里就是上海，宁宁是上海人。

这样做，启迪了宝宝的思维，地图在宝宝的心中不再抽象。

开始学省、市、自治区名称后，把家庭成员和阿姨的老家省份都写出来，并在地图上找出来。楼下玩时，特意问一句小朋友的家人："你是哪里人？""你的老家在 XX 省吧！"回家和宝宝一起在地图上找出来。宁宁看的第一张中国地图，周边有一圈少数民族人物的形象图。这样，她还能了解某自治区或省生活着什么民族的人，他们穿着什么服饰。

每逢节假日，爸爸妈妈打开地图看景点、方位、线路。我就抱着宝宝在边上看，耳濡目染，她就知道地图的用途了。后来宝宝会走路会说话了，也参与看地图了。三岁多上海办世博会，宝宝参观了四次。展馆名称基本都认识，她和大人一起在世博园地图前找展馆位置、方向，她常常表现得比外婆机敏，因为外婆眼神差。

动态名词和动词一起学，更富有启发性，比如起床的"起"，跳绳的"跳"，踢球的"踢"，赛跑的"赛"，看到什么，学什么；做什么，学什么。

设计一些游戏，学习反意词，宝宝也很有兴趣。比如，我打好半盆水，让宝宝把钥匙放进去，钥匙沉下去了。再让宝宝把积木放在水里，积木浮在水面，让宝宝用手按下去，手松开，积木又浮上来了。宝宝认识了"沉""浮"。换纸尿裤了，让宝宝摸摸换下来的纸尿裤，认"湿"，摸摸新纸尿裤，认"干"，让她一手提着干纸尿裤，一手提着湿纸尿裤认"轻""重"。让她摸摸被子、枕头再摸摸桌子、墙，认"软""硬"。

宝宝认识了"你、我、他"之后，我写了"他，她，它"三个字给宝宝做了说明并挂在墙上，我抱着她站在字前面，看到有人走过，我就手指着人，拉长调念 ta，宝宝就用手指字"他"或"她"。我手指物并读 ta，宝宝就指字"它"。

这些看似随意的游戏，其实事先都是考虑过、准备过的。也有信手拈来的，那是生活场景中突显了学习机会。

我们户外玩时，常会带支粉笔，有机会就在地上写一下。比如春天在池塘边看柔软的柳枝在春风里荡来荡去，柳枝上的嫩芽，又整齐又好看，象用剪刀裁剪出来的。我用粉笔写出："不知细叶谁裁出，二月春风似剪刀。"回到家，把"咏柳"写出来挂在墙上，她妈妈还添了几枝发了嫩芽的垂柳，我们时不时读一遍。有时候宝宝会不声不响地盯着诗默默看。我想一定是观察游戏加上这首诗的优美启迪了宝宝的思维。

同样，"离离原上草，一岁一枯荣"。"春晓""静夜思"也是这样，通过一次次游戏、观察去学习。

● 4. 体验中识，触摸内涵

体验可以让宝宝依靠自己的感观和触觉去触摸事物的特质和内涵。从而启迪宝宝由表及里的探究思维。

在宝宝的识字活动中，我始终坚持引导宝宝把触觉深入到事物里面。这就是为什么我把"电"做为第一个字介绍给宝宝的原因。

这种体验和触摸是融入在识字游戏中的。

我们家一楼大门玻璃把手旁，外面贴一个"拉"字，里面贴一个"推"字。当我准备把这两个字介绍给宝宝时，先让她的手抓住门把手，和外婆一起"拉"或"推"，体验拉、推相反的用力方向。我一边喊着"拉"或"推"。一边夸张地用力。带动宝宝用力并感知，她很兴奋，体验过两遍后，这两个字已经被她深刻地认识了。以后在别的条件下，继续了解这两个字的扩展使用。

对于看不见摸不着的"空气"，更得靠体验去认识了。

我把吹鼓了的气球扎口打开一些，对准宝宝的手压气球，宝宝会感到有冲力作用到手上，并能听到嘶嘶的响声。她用手抓吹到手上的东西，但看不见也抓不到。气球的气跑光了，再把气球吹鼓，同样扎口打开一点，对准地上的纸屑放气，纸屑被吹跑。宝宝伸手去摸，再次感到气的作用力。我边玩边告诉宝宝：气球里充满的是空气，空气没有颜色，所以看不到，但是能感觉到。它不动我们感觉不到，它一流动，我们就感觉到了。把窗户和门都打开，外面的空气从一边进来，又从另一边出去，感受一下："是不是空气流进来了？""我们把流动的空气叫做'风'，我们周围到处是空气。"拿个小口玻璃瓶子，打开盖子，让宝宝看过是空的，然后盖紧瓶盖，放进水盆里，再伸进手打开瓶盖，气泡咕嘟咕嘟冒出水面。告诉宝宝瓶子里实际上有空气，空气比水轻，所以打开盖子后，空气往水上面跑。

下次进一步告诉宝宝：我们生活在空气中，每时每刻都在呼吸空气，因为空气里有氧气，我们的身体需要氧气。我们呼出的是身体里的废气，它叫二氧化碳。大树喜欢二氧化碳，大树吸进二氧化碳，呼出氧气，跟人类的需要正好相反，所以人类喜欢种树，和大树做朋友。从此，一到户外玩，宝宝就喜欢到大树下，她知道大树下氧气多。她所认识的空气，氧气已经有了内涵。

她对空气、氧气有了认识以后，我就可以轻而易举地告诉她，空间小的地方空气少，不能在衣柜里躲猫猫，会闷死的，因为氧气不够用。之后，她在玩芭比娃娃洗澡，都把浴室门打开一条缝，不让别人关上。

乌鸦喝水的故事在碟片里听了几回后，我就写出来挂在绳子上，然后我找出一个小口的透明瓶子，倒入小半瓶水，让宝宝伸进手指碰不到水面，表示乌鸦喝不到水，然后让她往小瓶子里放小石子，随着石子增多水慢慢升起来了。宝宝再把手指伸进瓶口，水漫到了手指，表示乌鸦喝到了水。

美丑和善恶，是宝宝一时难以触摸清楚的，需要漫长地多次体验，并用心灵感知。因此做为专题重点引导，意在启迪宝宝向善向美的品质。

用什么方法，让宝宝感知呢？想来想去读童话故事，能起到润物细无声的效果。

阅读【幼儿园大班】

她妈妈给她买了很多世界优秀童话图书，有的是电子书，有的配有碟片，宝宝都很喜欢听，很喜欢看。每一篇故事的人物和情节她几乎都熟知于心。

有一天，她向我提了一个问题："为什么仙女都长得美，巫婆都长得丑？"我一听，觉得问题深入了。于是我很认真地回答说："仙女总是想着帮助别人，所以心情愉悦、安宁，脸上表情祥和，线条优美轻松，就越长越好看。而巫婆每天想着做坏事，想着害人，心理阴暗，脸上总是恶狠狠的，线条扭曲。时间长了，丑和恶的线条在脸上定格了，就长得很丑了。善良使人美丽，恶毒使人丑陋。"

我还半开玩笑地说："小孩子如果经常乱闹，也会让难看的线条定格在脸上。"她说："如果我乱闹，你就说小心巫婆。"有一次她正要耍耍小脾气，我连忙说"小心巫婆"，她马上改为跳骑马舞了。

童话启迪了思维，宁宁对美丑、善恶的感知逐渐延伸到了心灵层面。这正是我们的初衷。

当然，我们也很注意让宝宝从现实中体验、感知善和美。

2008年5月18日，四川发生了汶川大地震，灾难面前，社会各个层面的善举、义举大量涌现，大爱大美层出不穷，感人至深。那时宝宝有17个多月了，我写了"抗震救灾"挂在墙上，并有选择地给她看了抗震救灾的实况电视，让她从中感受团结奋斗的社会力量，感受人们努力帮助灾民，奉献大爱的善行义举。还让宝宝亲手把钱投入捐款箱，体验帮助他人的美好感觉。

《三字经》里说："窦燕山，有义方。教五子，名俱扬。"说的是窦燕山30岁因梦觉悟，弃恶从善，然后有子，用善举义举影响教育儿子，使五个儿子都成了有德、有才、有益社会的人才。向善向美是我们每个人（不管是大人还是小孩）永远要用心浇灌的心灵之花。

第六章

认识大环境，扩展大视野

我觉得视野开阔，才能胸怀宽阔，所以不仅要引导宝宝认识自然，还要引导宝宝认识地球、认识中国、认识世界。这样做有益于其长大一点逐步深入了解社会、了解国情、了解世界。有助于孩子确立正确志向。

——外婆的想法

地球和世界是人类生存的大环境，把它早点介绍给宝宝，让宝宝像认识家、认识小区一样地认识中国，认识地球，认识世界。

宝宝不满半岁的时候，我把中国地图、世界地图介绍给了宝宝，开始引导宝宝认识中国，了解世界。同时买地球仪给宝宝，给她介绍地球上的自然现象、人类的肤色分布、动物分布，给她介绍大洲大洋，介绍地球、月亮、太阳的关系，经常翻看《宇宙的奥秘》《地球的秘密》，把中国拼图和地球拼图当游戏玩。

身处上海，各种肤色的人随处可见，这也给宝宝提供了认识人类的客观条件。她不管看到何种肤色的人，都热情地用眼神和手势与他们打招呼，每次都会得到友好的回应。有了语言能力后，也会用简单的英语打招呼、交流。她的爸爸妈妈都很重视她的英语学习，鼓励她与外国朋友交流。

2010 年夏天，宝宝三岁半了，上海举办的"世博会"，使宝宝获得了一次非常好的认识世界的机会。她由于先前对地球和世界的一些学习了解，很期待参观世博园，我们接连带她参观了四次（不包括后期专门参观中国馆）。她很喜欢冰岛馆，那里的地质现象、自然现象都非常丰富，又有直观的电影介绍，在她的要求下，接连参观了三次冰岛馆。

世博园参观留念

参观上海世博园

与世博展馆工作人员

　　在世博园里，她举着护照和各种肤色的服务员打招呼、盖印章、合影，有趣地说："thank you"，听她们说"welcome"。

　　通过参观世博园，她认识了几乎所有的展馆名称，对展馆国家有了一点初步感性认识，世界在她心中不再陌生。

　　暑假里，前往外婆家的列车上，她看着电视上介绍世博园的画面，一个馆一个馆地念着馆名，津津有味地看着介绍。世博展给了她广博的影响。

　　参观世博园后，我给她写了两首儿歌：《地球歌》和《世界歌》。我起草后，先给她看了一下，她说："写得不错，在地球歌里加一句海洋世界真美丽吧。"她的讲话语气，让我明显感觉到她对人类基本环境有了初步了解。我采纳了她的意见。下面是这两首儿歌：

地 球 歌

你拍一我拍一，地球自转不停息；

你拍二我拍二，地球和日月是伙伴儿；

你拍三我拍三，海洋和陆地七比三；

你拍四我拍四，地球周围有大气；

你拍五我拍五，阳光和雨露生万物；

你拍六我拍六，赤道炎热象火炉；

你拍七我拍七，最冷地球南北极；

你拍八我拍八，地球引力有多大？

你拍九我拍九，一年绕太阳转一周。

你拍十我拍十，火山喷发、地震不定时；

你拍十一我拍十一，海洋美丽又神奇；

你拍十二我拍十二，人类智慧独一无二；

在河南省博物馆领略中原文化

游法国尼斯

游泰国苏梅岛

世界歌

你拍一我拍一，中国人多数第一；

你拍二我拍二，加拿大国土大第二；

你拍三我拍三，人类肤色黑白棕黄；

你拍四我拍四，发展程度不一致；

你拍五我拍五，共同爱好文体舞；

你拍六我拍六，动物世界在非洲；

你拍七我拍七，环境保护排第一；

你拍八我拍八，团结合作力量大；

你拍九我拍九，对话互利能长久；

你拍十我拍十，探索和发现永不止。

这里的基本现象，她先前已有所了解。只想以此启迪她进一步认识大自然和人类社会的兴趣。

在俄罗斯与鸽共舞

在北大未名湖

游澳大利亚悉尼

圆明园旧址了解历史

北大校园朦胧励志

第七章

要想宝宝发展好
鼓励支持是法宝

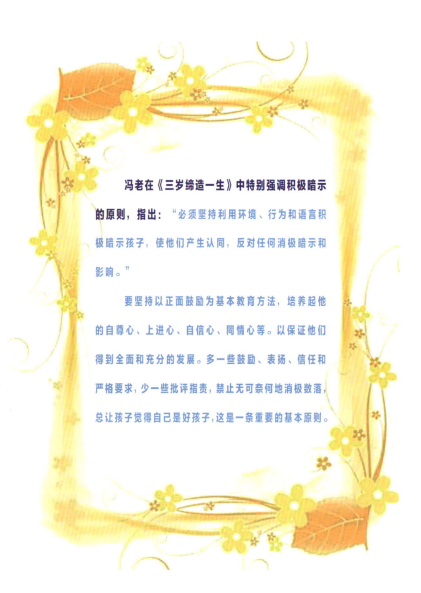

冯老在《三岁缔造一生》中特别强调积极暗示的原则，指出："必须坚持利用环境、行为和语言积极暗示孩子，使他们产生认同，反对任何消极暗示和影响。"

要坚持以正面鼓励为基本教育方法，培养起他的自尊心、上进心、自信心、同情心等。以保证他们得到全面和充分的发展。多一些鼓励、表扬、信任和严格要求，少一些批评指责，禁止无可奈何地消极数落，总让孩子觉得自己是好孩子，这是一条重要的基本原则。

宝宝在七个多月的时候，经常大声发音，有一次听《聪聪 get up》时，居然很清晰地冒出一个词"seven"，这让我感觉到她开始练习说话了。可是一个小小的插曲，竟然让宝宝近两个月不发声。

有一天傍晚，我抱着宝宝在挂图前面，宝宝指指点点大声发音。正好她妈妈下班进门听到了，就温和地说："这么大的声音啊，我们是女孩子，女孩子说话要轻柔点。"就从这个小小的提示后，宝宝再也不发声了，一个多月以后，我们感到有些严重了。于是我拿出学拼音图画本，让宝宝看着图上的人物口型学 a,o,e，这样宝宝才又开始发音了。

后来我分析，宝宝大声发音的时候，可能是语言敏感期了，如果妈妈一进门就夸她"好棒"，那结果会使宝宝更好练发声，提前学说话。当时宝宝对妈妈的提示是没听懂的，领悟到的是"不支持"，所以就不发声了。

还有一件事，对宝宝的影响也不小。

大约是在宝宝 2 岁 8 个来月的时候，我又一次来到上海，（之前的一年，我不在上海）她妈妈要我教宁宁数学，说宝宝数学不行。我试着问宝宝，"1+1 等于几"，没想到她闻数色变，居然眼神游离不定，躲闪着不回答。我以前从来没有看到过她有这种眼神。显然出现在宝宝身上的不是"数学"问题，而是心理问题。一定是有谁当着宝宝的面说了她识字很多但数学不行的话，让宝宝当了真。她不知道什么是数学，但她知道数，所以一听到有数的问题，就以为触到自已不行的王国了，马上躲闪，眼神游离。其实宝宝这么小，根本不存在数学行不行的问题。

我不跟宝宝提"数学"两个字，只跟宝宝做加或减的游戏。开始是 5 以内的实例加减的游戏。她都能迅速地回答出来，我总是夸她很棒，过了几天，听到数学眼神不再游离，于是我和她做了把 10 个东西分成几和几的游戏，比如分成"1 和 9""2 和 8"，于是可以写成 10=1+9=2+8······ 10-1=9，10-2=8······

没几天，10 以内加减法没问题了，于是做 20 以内的加减游戏，加法比较容易，根据第一个加数凑 10 的需要，把第二个加数分开，再相加即可。

20 以内的借 10 减法，对宝宝来讲，比较难讲懂，于是让甲乙两个人分别扮演 10 位数和个位数，宝宝做减数。比如 15-7，甲扮 10，乙扮 5，宝宝扮 7，乙抢先说："我来减。"宝宝说："我是 7，你是 5，我比你大，你不够减。"甲说："我可以被减。"于是宝宝说："10-7=3。"乙说那我呢？宝宝说："3+5=8，15-7=8。"游戏完成。这样的游戏，她很感兴趣，主动要求做。眼睛里透着兴奋和自信。

不知不觉 100 以内的加减法也明白了。后来告诉他，加数相同的很多数相加，可以简化为乘法，比如 5 个 2 相加，2+2+2+2+2，可以写成 2X5，相同减数的连减可以用除法，比如 15 个苹果，三个放一盘，能放几盘，需要连减 15-3-3-3…，写成除法 15÷3。这样做使她对乘除有个大概了解。

接下来是对分数的基本了解：一张纸，对半撕开，其中半张是 1/2（二分之一）；一张纸分成三等份，每份是 1/3（三分之一）；……她因而懂了几分之几，百分之几的涵义。商店打折了，妈妈带她去观察体验。于是她明白了：打折是把价格分成 10 等份，打几折就是价格变成原来的十分之几。

正负数因为经常遇到，也让她加以了解。以 0 为界，比零大的是正数，比 0 小的数是负数。楼房的地面为 0，地面上的是 1、2、3……，地面下的是 -1、-2、-3……，温度计，低于 0℃就是 -0℃。

这些常识性的问题，宝宝基本了解后，思维更加敏锐，更能听懂语言，看懂周围的事情。不管是出游还是参观，或购物，她走到先看指南、告示或价目表，以及宣传小册子，很快就能做出相应反应。

上学以后，她更喜欢用游戏方式扩展思维了，在游戏想象中分析问题、沟通思想、提出建议、解决问题。在游戏中，她创造的角色往往表现得文明理性、富有耐心、热情友善、聪明智慧、乐于提供帮助、有职业道德。去除了她实际生活中的自身缺点。虽显顽皮，又拖延时间，但显示出内心趋善趋美、通过想象完善自我的轨迹，十分可爱。几乎每件有她参与的生活学习问题，都可被她立刻导演成游戏，边演边完成。我们在遇到与她不好协调的时候，也常插入游戏完成。

感受苏绣美

　　她喜欢体育和美育，唱歌、跳舞、弹钢琴、表演、书法都学得不错，常被老师夸悟性好。几个小伙伴自编自演的英语歌舞，在一年级七个班的比赛中，获第一名。她爸妈对她的考试成绩没有刻意要求，但支持她热爱阅读、博览群书。她的数学思维灵活，老师在评语中夸她是数学小达人。一年级第二学期期末考试，语、数、英总分 299 分，并列班上第一。期末班级颁奖会上，她获得奖项最多。我们最看中的是"最佳进步奖"。第一学期是"进步之星"奖，我们曾给予了极大的肯定。这次当然要伸出双大拇指了。人的自身完善在进步中完成，人生的一个又一个奋斗目标依靠进步来实现。希望宁宁进步不止。

快乐舞蹈（左）

在上海爱乐少儿合唱团排练（前排左四）

在贺绿汀音乐厅表演（前排中）

第一次登上了上海星期广播音乐会的舞台（前排中）

在新加坡合唱节获得金奖后快乐地举起证书（前排中）

为韩红音乐会伴唱（前排左三）

实践告诫我们，要想宝宝发展好，鼓励、支持是法宝。

有人会问，宝宝做错了也不能批评吗？我的回答是引导比批评效果好。比如宝宝乱丢玩具，我告诉她这样做错了，玩具会被弄痛，还要给玩具看医生。每个玩具都有家，玩好把它们送回家。下次宝宝玩好，就会说："把玩具送回家。"

练习书法

越小的孩子，越要引导。批评不当，会使宝宝不知所措，甚至丧失信心。而引导，能让宝宝很快知道应该怎么做。

好孩子是夸出来的，这话有哲理。

认真练琴

幼儿时的习作

幼儿画：菊花

89

幼时送给外婆的贺卡

第八章

潜移默化培育孩子的良好素质

冯老在《三岁缔造一生》中写道：

素质教育不过分计较成绩和分数，不过分看重"一城一池"的得失，不以分数高低来衡量学生的优劣，而重视人的身心、品质、发展势头和前景；并且认为不同学历、不同职业的人均可获得高素质……

1. 用世界优秀人物的故事启迪孩子的心灵

宁宁快到一岁半时，我为她买了本《世界名人》，书中有 100 个动人的名人故事。我介绍给她的第一个名人故事是爱迪生发明了电灯和留声机。我用毛笔写好挂在绳子上，她很快便认会和明白了。那时她还不怎么会说话，一问她爱迪生发明了什么？她就闪着亮晶晶的眼睛指指电灯和收录机。给她讲的第二个名人故事是伽里略制造了世界上第一台望远镜，并最早用望远镜观察宇宙，他发现了地球自转，证明了地球围绕太阳转。我们为宁宁买了地球仪，把电灯当成太阳，看地球仪上变化着的白天和黑夜，了解一年四季的形成。同时阅读《宇宙的奥秘》，根据图示了解日食和月食。

之后的一段时间，陆续与她阅读了：唐太宗李世民能听取逆耳忠言，避免了错误决策的故事；美国第一任总统华盛顿小时候敢于在父亲对花工发怒时，主动承认自己砍了樱桃树的故事；阅读了法兰西第一帝国皇帝拿破仑小时候不服输的故事；出身贫寒的林肯，从充满爱心的小书迷成长为美国总统的故事；我国新民主主义革命的先行者孙中山从小善于思考、勇于发问、有救国救民志向的故事；俄国无产阶级革命导师列宁小时候诚实主动承认姨妈家名贵花瓶是自己不小心碰到地上打碎的故事；中华人民共和国的主要缔造者和领袖毛泽东少年时代生活简朴、为人正直、热爱运动、刻苦学习、才思敏锐、巧对对子的趣事；改革开放的总设计师邓小平少年时代勤奋学习、热心帮助同学的故事。

四五岁以后，她常常自己翻阅名人故事，如牛顿、比尔·盖茨等。上小学一年级后，通过进一步学习，她了解了比尔·盖茨更多过人之处，她很佩服比尔·盖茨作为世界首富，依然住着普通的房子，过着普通的生活，把钱用来做慈善事业和企业发展基金，而不给自己的孩子多余的钱，让他们自己创造财富。在爸妈教育启发下她认识到：孩子不应依赖父母。

2. 在生活中学习劳动技能

宁宁坐在婴儿椅里，常常看着阿姨抹桌子，我给她一块小毛巾，她就模仿着左一下右一下抹自己前面的小桌子，很像样。我为她做面条，包馄饨水饺的时候，总是给她一些和好的面团，让她跟着动手，边玩边试着做。宁宁两岁半以后，凡是她做的面食，不论好坏，一律郑重其事地煮了分享，并加以赞美。她四五岁的时候，已能包出好看的水饺和汤团了。

在幼儿园，她是个爱劳动的孩子，老师告诉她妈妈："宁宁会主动帮阿姨收碗筷，倒掉桶里的废水，她还敢于指正同伴的小差错。"老师们笑称她是"陆家嘴居委会主任——啥都管"。

3. 父母不让过份关心孩子

我和大多数祖辈人一样，生怕孩子吃得少，影响长身体，自觉不自觉就会喂她几口，她爸爸看到了，就会说："饿一点也没关系，饿了她自然会吃。"孩子做自己的事，我也忍不住伸出手帮一把，她妈妈看到了，会很无奈地说："宁宁的机会又被剥夺了。"剥夺机会，这么严重的词，我不得不注意了。宁宁后来也学会保护自己的机会了，我有时不自觉地伸手想帮忙时，她就大声说："外婆抢我的机会！"她的爸爸常说："孩子总是要靠自己的。"我觉得她的爸妈是对的。只好心肠硬一点，克制自己。为了不影响孩子的成长，在孩子不到四岁的时候，我离开了她，让外公接替。

有一次我在电视上看到，花豹妈妈在把小花豹赶出家门之前，最起码要饿小花豹一个星期，逼着小花豹学习猎食。在这点上，人类真得学习花豹妈妈的智慧。

一老一小

4. 培养坚强的心理素质和坚持精神

从小，我们就遇事先和孩子打招呼，比如打防疫针，会事先告诉她："打针有点痛，不过没关系，一会儿就好了。"她有了思想准备，打针从来不哭。一岁多时，因为过敏，医生建议找过敏源，需要在小胳膊皮下注射12份不同物质的提取液，进行观察。注射12次，她硬是一声没哼。护士惊讶地不断夸她，说先前也见过前一两针不哭的宝宝，第一次看到能从头到尾坚持不哭的宝宝，很棒。

出游爬山，家人总是鼓励她自己爬到山顶，锻炼她的坚持精神和耐力，她也不含糊，常常主动要求爬到最高的峰顶。

5. 在照顾他人的实践中学习担当

家人旅游的时候，她喜欢做导游，帮我们解决一些问题和困难。我是需要特别照顾的老人，她常常拉着我的手，让我小心台阶等。

她不足三岁的那年初秋，我们在日湖边散步，边走边玩，四十来分钟后，我看她快走不动了，就抢先说："外婆走不动了，怎么办呢？"她马上鼓励我："外婆，你坚持一下，我拉着你走。"说着拉起我的手，不断鼓励我，直到小区门口，她才说："我也走不动了。"

有一年初冬，我们游八达岭长城。下来时，坡比较陡，她爸爸抱起她走了一会儿，我说："不好走哇，我的腿不行。"她立刻自告奋勇来照顾我，她拉住我的手，把我让到里边说："路小，走外面会滑下去。"过了一会儿前面有树枝伸到路上，她又让我走外面，说："里面有树枝，会挂到外婆的。"别提多细心多周到。让我觉得她有担当。其实，她牵着我的手，我也在暗中注意着她的安全。

6. 培养自觉爱护环境的意识

在爱护环境的舆论氛围中，宁宁的环境意识逐步树立。她一岁多第一次在宁波天一广场玩，漂亮的环境让她很快乐，忽然她看到一个小朋友把食品包装盒丢在地上，就从我怀里滑下去，捡起包装盒放进垃圾箱。

有一年冬天在宁波，大姨下班回家，拎了一只装着两只画眉鸟的小笼子，说是一位老者在日湖公园抓到想烧了吃嫌肉少，决定卖了。"天黑了，20元卖给了我，明天放回小树林。"宁宁本来高兴得手舞足蹈，一听要放回树林急了，坚决要求带回上海养。我说："那就把你关在阳台上，和鸟在一起，吃饭、便便都在阳台，不准自由出入。你会感到愉快吗？" 她想了想摇摇头。"鸟在笼子里能飞吗？"她又摇了摇头。最终同意放飞画眉鸟了，第二天一早，她亲手提着小鸟笼到小树林放飞了画眉鸟。她一路上言语不多，可能心情复杂。

起　飞

4 岁生日照——过了一把表演瘾

第九章

对小学教育制度与"0岁工程"接轨的思考

北京国际汉字研究会常务副会长兼秘书长、《汉字文化》杂志社社长、加拿大国际汉字文化研究与交流中心主任徐德江先生曾说：

"社会的进步，科学技术的飞跃发展，开始使我们认识到：二三岁的孩子不识字，就像二三岁的幼儿不会说话一样是发育不正常的表现。规定只有上小学才可以识字，就像规定只有入小学才可以说话一样，是违背人的发育规律的愚蠢行径。"

冯老在《三岁缔造一生》中热切期待加速教育科学及其体系的改革和发展，他说：

"我常想，自然科学和生活技术的发展，经常会产生重大飞跃，例如电灯代替了蜡烛，火枪淘汰了长矛，电视取代了茶馆卖唱，纸张把竹简送进了博物馆，还有飞机的发明把地球缩成了"地球村"等等，但人们并不以为奇，然而为什么教育科学的发展竟这样艰难呢？几百年前甚至几千年前的权威结论，至今仍被奉为金科玉律，很难越雷池半步。难道教育科学及其实施体系的发展，命里注定只能一步一步地缓慢爬行吗？

现阶段，由于时代的进步，信息广泛传播，家长和祖辈文化程度普遍提高，客观上家庭教育条件向好。多数婴幼儿不同程度接受了早期智力开发，特别在城市里，0岁宝宝智力开发奇葩竞放，不少幼儿思维敏锐，全面发展，健美聪慧，五岁多学习能力已经很强。

目前，我国小学教育制度，规定七岁上学，而且特别强调"零起点"教育，视之为"教育公平"。但我觉得我国对学龄前儿童这方面的差异性状况应有更全面的考虑和安排。

国际上不少国家针对学龄前孩子的不同状况，积极探索制定了有差别小学教育制度和教学方法。如果我们能让那些具备条件的孩子早些入学，或有针对性地对某些学科加以拓展提高，增强他们的学习热情和主动性，从而使其能面对挑战、保持激情，表现更出色，成为有特点的人才幼苗。否则，把那些超前开发的孩子"拉回"到"零起点"，很有可能会磨灭孩子的锐气和激情。这些孩子可能因此生出注意力不集中的坏毛病，有的甚至产生思维消极和自傲的矛盾心态。这种对优育早发苗子成长势头的忽视，无形中形成了一种压制，是令人心疼的。虽然这应该不是"零起点"教育倡导者们愿意看到的，但这种有意无意的忽视并不见改观。有的人甚至以此为例，证明早期智力开发的婴幼儿反而上学后就不行了，以此作为扼制婴幼儿早期智力开发，推行一刀切"零起点"教育的理由。

我不赞成幼儿上语、数之类的培训班。对婴幼儿小学化式的培圳是不符合婴幼儿发展规律的。但我赞同冯德全"0岁工程"，赞同父母和祖辈，用科学的适合自家婴幼儿特点的润物细无声的方法引导婴幼儿潜能在最佳时期开发。这样做可以促进婴幼儿充分发展，全面发展。我企盼教育制度的制定者能看到"0岁工程"的开展状况并采取接轨措施，实行差别化的教育制度。适合"零起点"教育的，执行"零起点"教育；已经超越的给超越的教育，这种做法以前曾有的。小学教育制度面对并管理服务的是气象万千的孩子们，因此它本身也应该是生动的，气象万千的。共产党人讲究从实际出发，实事求是。我们的小学教育制度和方法也应该从实际出发加以改革和完善。

教育的宗旨是培养人才，差别化施教可以调动所有孩子的积极性，特别是为有能力缩短小学学习时间的孩子们提供可能。早在文革期间，李政道博士访华时，就曾对国家领导人说过："在国际上，理科方面的人才，一般都是 20 多岁时出成果。几乎没有例外。"1974 年，李政道博士来华向周总理建议："理科人才也可以像文艺、体育人才那样从小培养。"

我觉得小学六年制，对于"零起点"的孩子也有些长了。我知道有的地方小学五年制，孩子们也学得很好。如果小学省下一到两年，大学再产、学、研结合得更好一些，理科 20 多岁出成果就有了客观条件。

我初中（1961-1964 年）有一位女同学，比其它同学小两三岁。她在县城上小学的，曾两次跳级。在初中依然优秀，德、智、体全面发展，是学校乒乓球队员，代表学校参加过省级比赛，生活能力也跟其它同学差不多。我经常到她家玩，我们之间不觉得有年龄距离。可惜高中适逢文革，没实现大学梦。

常听人们说："现在的孩子比我们小时候聪明多了"。的确，现在的孩子见多识广，接收到信息的渠道非常多。一般五岁左右就对地理、自然常识有些了解了。既然现状己经变化，学制也应相应变化。应该对小学科目的目标定得适中一些，激发创造性思维的目标定得高一些。

《报刊文摘》2014 年 2 月 28 日第 3388 期，有一篇刘丹青的文章:《一个天才的困惑》，讲述郑才千有一个和别人不一样的大脑，小学一年级第 27 篇《无人售票车》三五百字内容。他看了一遍就背出来了，一字不错。一本书两三百页，他二十分钟看完，就是这样他也只能 7 岁上学，按部就班。小学到中学他从来不写作业，几乎总是班上第一名。但他在人民大学中文系毕业后，却不知道该干什么，成了一名职业教记忆的培圳班老师。他记条形码，二维码只需几秒钟，但没有人需要他做这样的事。2013 年末，他站在江苏卫视的《最强大脑》节目现场，面对 2500 多个魔方组成的魔方墙，他准确地指出那唯一一块不同的色块。人们都说他是天才。

可我国的教育，并没有真正对他因材施教，没有使他的天才用到有挑战性的领域。他的创造性没有被激活，小学到中学不写作业，每晚看两个小时电视准时睡觉。刘丹青引用了北师大心理学院院长刘嘉的研究：中国的教育中，一面对天才非常吹捧，一面又过度强调公平，对天才缺少一种相应的教育。"人有差别。却不承认，这是对天才的一种歧视。"

在中国好歌曲选拔现场，刘欢老师听了四川一个 16 岁女中学生唱了自己创作的歌曲后，当场说："不承认天才是一种犯罪。"不惜拿自已对比说："我在想，我 16 岁在干什么。"大加赞扬了这位音乐天才少女。她是幸运的，遇见了刘欢老师，她肯定能享受到音乐方面不一样的教育。我为刘欢老师的教育觉悟点赞。

中国的教育制度，应该改变得更实际，更生动，更富有时代特色。中国的国力梦想，依靠中国科技的推动；中国的科技发展，依靠科技人才的层出不穷；科技人才的涌现，依靠生机勃勃的教育制度。

自古英雄出少年，渴望小学教育改革接轨中国已经蓬勃开展的"0 岁工程"现状。期待设置生动灵活的有差别的小学教育制度和教学方法。为中国多出人才，出世界级人才，在小学教育的基础层面再谋新篇。

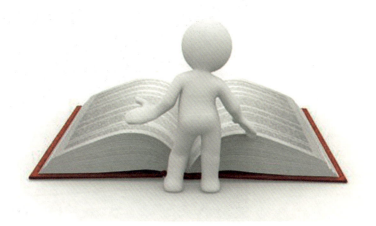

上学第一天

表演"红心闪闪"之前

创意色拉作品

主持少先队入队仪式

参 考 书 目

1. 冯德全.冯德全早教方案 1:三岁缔造一生 [J].中国妇女出版社 ,2005.

2. [德]卡尔·H· G·威特.卡尔·威特的教育 [J].丽红 ,译.京华出版社 ,2006.